成人吃音《きつおん》とともに

文章と写真と映像で、吃音を考える

北川敬一

学苑社

まえがき

はじめに、吃音《きつおん》について書かれている３つの文章をご紹介します。（文中の傍点筆者）

１　日本吃音・流暢性障害学会　ホームページ（長澤泰子理事長の挨拶のことば）より（※１）

「英国王のスピーチ」や「ラヴソング」など、吃音のある人が映画やドラマの主人公になったりすると、これで世の中の人々が吃音のことを分かってくれるかも知れないなどと少々楽観的になってしまいます。ＮＨＫの「バリバラ」もしかりです。吃音に関する書物の出版やインターネット上の情報も非常に多くなりました。一昔前に比べて、確かに、吃音・流暢性障害のことが話題になり始めたように思えます。しかし、東京という大都会でも、人口の少ない地域でも、吃音の子どもを持つ親御さんの質問や心配は以前と殆ど変わりないようです。吃音や流暢性障害の理解を深め、当事者のＱＯＬの向上を究極の目的としている本学会の使命は、当然のことながら非常に大きいと言えましょう。

２　吃音ポータルサイト（金沢大学人間社会研究域学校教育系　小林宏明教授のホームページ）より（※２）

吃音ということばを辞書で引くと、次のように説明されています。

「話しことばを発する時、第一音や途中の音が詰まったり、同じ音を何度も繰り返したり、音を引き伸ばしたりして、流暢に話すことが出来ない状態」（松村明編　１９９９　大辞林　第２版　三省堂）

このように、吃音の問題は、「ことばがうまく話せない」問題と、一般的には、考えられています。しかし、私は、吃音の問題は、単に「ことばがうまく話せない」ことだけにあるわけではないと考えています。

私は、吃音の問題を次のように考えています。

吃音とは……

(1) ことばがどもって

(2) 困ること

「(1) ことばがどもって」とは、以下のような状態をいいます。

音を繰り返す（「ぼ、ぼ、ぼく」）

伸ばす（「ぼーーーく」）

つまって出てこない（「……ぼく」）

「(2) 困ること」とは、以下のような状態をいいます。

恥ずかしい思いをする

言いたいことが言えずにいらいらする

周囲からのからかいや特別視

緊張したり、不安になったりする

話すことを避けてしまう

就職や結婚の問題

落ち込んだり、自信がなくなったりする……

私は、吃音の問題の大きさは、主に(2)の状態によって決まると考えています。

つまり、仮に(1)の状態がとても多く見られたとしても(2)の問題がない（つまり、吃っていても、困っていないの）のであれば、吃音の問題は大きくはなりません。また、(1)の問題があまり見られなくても(2)の問題が大きい（つまり、あまり吃ってはいないが、吃音のことをとても気にして困っている）のであれば、吃音の問題は大きいということになります。

3 「ことばの教室で学んだこと、学べなかったこと」

（これから社会に出ようとする吃音のある成人の男性が、吃音者のあつまりで発表したスピーチ原稿より）

私は看護学校の3年生で、幼稚園から小学校を卒業するまでの約7年間、ことばの教室に通いました。現在の授業の内容がどういうものかわかりませんが、当時の話をしたいと思います。授業の内容は先生と一対一の個人面談形式で、本読みの練習やレクリエーションルームでの遊びを通じての会話が中心でした。今でも記憶に残っていることは、本読みのときに、一人で読むとどもるのに、先生と一緒に読むとどもらないことや、先生が本を読まずに、「んーんー」といって声をあげてもらうだけでも、どもらなかったことです。当時はそれが不思議でなりませんでした。また、ことばの教室で本読みの練習はしましたが、会話の練習やどもらないためにどうすればいいのか、という練習をした記憶がありません。

高校入学と同時に状況は変わります。高校は市内のさまざまな中学校から来た人たちなので、緊張がまし、どもる度合いもふえていきました。本読みをあてられたらどうしようと考え、授業に身がはいらなかったこともあります。大学生になると、教授からの一方的な講義になるので、あてられることに対する不安や恐怖はなくなりました。しかし、就職で大きな困難が立ちはだかっていました。

面接です。私は難発であり、このように言葉のはじめの音が出てきません。それが、面接のように座った状態で目上の人を相手に、随伴運動と呼ばれる身振り手振りができない状態だと、さらに言葉を出すことが厳しくなります。結果、就職がうまくいかずアルバイト生活を続けることになりました。現在は、看護学生として、実習漬けの毎日ですが、報告やカンファレンスなどではどもるため、実習がスムーズにできていないのが現状です。

振り返ってみると、ことばの教室に通っていた間は、吃音で悩むことはありませんでした。学童期・思春期はあまり悩むことがなく、青年期になると、悩むようになりました。今にして思うと、ことばの教室で、自分の吃音のタイプ、どういうときにどもるか、話すときの呼吸や随伴運動などをを学ぶことができていれば、思春期・青年期にもそれらに注意してどもりが軽減されるような生活をおくることができたかもしれません。また、そのころは、吃音について相談できるような場所はありませんでした。吃音についての悩みが多い時期に相談できる場所があったら、今とは違う自分がいたのかもしれないと感じています。

ことばの教室を卒業後は、「自分でどうにかしてね」ということではなく、小学校を卒業後に他の機関と連携・引継ぎをするという吃音者に対する援助が必要なのではないでしょうか。他の機関というと、言友会のような自助グループや吃音治療の医療機関など多岐にわたります。看護においても、継続看護という言葉があり、退院後のフォローアップとして、外来通院との情報共有、在宅での訪問看護や介護施設との連携といったように、どこにいても同じ方向性をもった看護が展開できるというものがあります。同じことが、吃音を取り巻く環境にも言えるのではないでしょうか。

吃音者に必要なのは、知識・情報です。ことばの教室に通っている学童期にはその情報もすぐに必要がなくても、いつか必ず、必要になるときがきます。吃音者が本当に困るのは、社会へ出ようとするときです。ことばの教室は吃音者にとって、「出口」という認識ではなく、長い長い人生の中で吃音と向き合う「入り口」として吃音者に対して援助できる体制が求められています。

自分のような悩みを抱えた吃音者が少なくなる社会を願って、私の発表を終わらせていただきます。

○吃音の子どもを持つ親御さんの質問や心配は以前と殆ど変わりないようです。
○吃音の問題は、単に「ことばがうまく話せない」ことだけにあるわけではないと考えています。
○吃音者が本当に困るのは、社会へ出ようとするときです。

本書はこの３つのことについて考えようと、２０１４年から２０１７年にかけて、社会人として仕事に就いている成人吃音の方々と、その関係者の方々を取材したものです。

＊　＊　＊

私には吃音があります。私の母親にも吃音がありました。現在、私の吃音はひどく怒ったり、緊張しすぎたりするという自分をコントロールできない場合をのぞき、日常生活で苦労することはほとんどありません。

小中学生のころ、ことばがつまって大変だったことを思いだし、２０１１年に吃音のある子どもたちと関係者を視聴対象にして、吃音に向き合うためのドキュメンタリーＤＶＤ『ただ、そばにいる』(※3)を自主制作し、２０

13年に吃音のある子どもたちの保護者を主な読者対象にして、書籍『吃音のこと、わかってください』（岩崎書店）（※4）を出版しました。小学校のことばの教室でおこなわれる保護者会に参加すると、子どもの吃音にどのように接してよいかわからないという声をよく聞きます。そのあとによく聞く不安は、子どもの将来への不安、つまり、大人になってからの就職、恋愛、結婚のことでした。私は自分をサンプルにして、成人になっても吃音のためにいろいろな思いはするけれど、それ以上に仕事や生活のほうが心配になってきて、「なんとかやっています」という行儀のよい発言をしていました。

今回、社会人となった成人吃音の方々の取材を続けるうちに、成人になってもなんとかやっていくのが大変な方に数多く出会いました。職場で電話を取るというごく普通のことができない、「ありがとう」「おめでとう」が言えない。このような悩みは、吃音のある子どもたちと同じ悩みのように思えますが、取材のなかで少し違うことに気づきました。本書をきっかけにして、その「少し違うこと」にふれていただければと思います。

そして、

吃音である方は、ひとりでないことを知ってほしいと思います。

吃音でない方は、どうぞ、吃音のことを知ってください。

なお取材にご協力していただいた方々は、仮名の方もおられます。実名の方はご本人の了解を得ています。文中では敬称を略させていただいています。ご了承ください。

※の詳細は、「巻末資料　吃音相談先など一覧」（215ページ）をご覧ください。

目次

第1章

非吃音者と吃音者

吃音のある人は、「100人に1人いる」と言われています。99人の非吃音者は、吃音者と出会ったとき、どのような反応をしているのでしょうか。

「どもり」「どもる」ということばは知っているけれど、「吃音《きつおん》」という漢字の読みかたや意味を知らない方は、今でもおられます。

吃音のある人に「もっとゆっくりしゃべったほうがいいよ」「たいしたことじゃないよ」「心配しすぎだよ」というような声がけをする方もいれば、どのような声がけをしてよいかわからない方もおられます。

吃音者自身がつまることばを避けたり、言いかえをして一見普通に話していれば、非吃音者は、「本当に吃音なの、全然わからなかった」「大丈夫だよ」というような声がけをすることもあります。

この章では、仕事場で吃音者に出会った50代の女性の話と、吃音のある女子大学生と友人の会話（体験談）を紹介します。

ほんの2例ですが、吃音の理解と支援には、吃音者の知ってもらおうという意志と同じくらい、非吃音者の吃音を知ろうという気持ちが大切なことに気づいていただければと思います。

1 ごく普通の本好きな女性が、職場で吃音の女性に出会うとき

佐藤　優子（50代・非吃音　主婦）
取材日　2014年10月11日
東京都在住

佐藤優子さんとは、私が書いた吃音の本（※4）がきっかけで親しくさせていただきました。職場の同僚である吃音のある女性Aさん（30代前半）が、大きな悩みを抱えていることを知り、私の本を読むようにすすめたそうです。

男女を問わず吃音のある成人の方が周囲（仕事場）にいた場合、みなさん（非吃音者）は、どのように接しているのか知りたいと思い、佐藤さんにお会いしました。Aさんは、半年前に退職されています。

物静かなAさんのこと

――私の本を手に取ってみようと思ったきっかけを教えていただけますか。

佐藤　Aさんとは、職場（清掃関係）では一緒だったんですが、挨拶ぐらいでほとんどしゃべらなかったんですね。仕事が終わってロッカー室で着替えるときや、帰り道の短い時間しか話す機会はなかったんですけど、あるとき、私が一冊のスピリチュアル系の本を持っていると、彼女が「その本、佐藤さんも読んだんですか」と言わ

れて、そこから、スピリチュアル系の話でお互いに盛り上がって親しく話すようになったんです。たまたま同じことに興味があったんでしょうね（笑）。

話しているうちにAさんがとても大きな悩みを抱えていることがわかってきて、Aさんが「自分には障害があるんだ」とポロリと言ったことがありました。「なんの障害なの？」と聞くのは失礼だと思ったので、いろいろな障害の本をAさんに持って行ったんですけれど、いまいち違うような顔の様子でしたね。

――本屋さんで障害の本を探すといっても、いろいろな専門書があると思いますが、探すときに迷うことはなかったんですか。

佐藤　うつ病、アスペルガー、適応障害とかの本から探していったんですが、正直言って自分でもさっぱりわからなかったですね。彼女がどういう障害をもっているかわからなかったので、手当たり次第ですよね。

――Aさんが佐藤さんと、スピリチュアル系の話をするときの話しかたはどうでしたか。

佐藤　物静かな方で、普通の人と変わりなくしゃべるんですよ。ただ、会ったときから気になっていたのは、会話の途中にちょっと「ひと呼吸、おく」というか、ちょっと「息をのみこむ」ような感じはありました。なにか考えごとをしているのかなと思ったこともありました。そのことは、ずっと、どうしてだろうと思っていました。

――それを、障害と思いましたか。

佐藤　いえ、思わなかったですね。その後も、私が本を探しているときに、Aさんに「私には吃音があるんですけど、吃音って知っていますか」と、きかれました。私は「知っていますよ」と答えました。なぜかというと私が幼稚園に通っていたころに、吃音がある近所の若い男性と出会ったことがあるからです。でも、その男性の吃音を「独特のしゃべりかた」としか思わなかったので、「障害」とはとらえていなかった記憶があります。

私にはAさんの吃音の個所がわからなくて、最初は「どこが吃音なの」と思ったくらいでした。話をしていると、Aさんは吃音の症状よりも吃音のある方がどんな生活をしているかをとても知りたがっていたので、私は、北川さんの本を本屋さんで見つけて、まず、自分で読んでからAさんに手渡しました。

――Aさんの反応はどうでしたか。

佐藤　1日でいっきに読んだそうです。Aさんは「吃音のある人たちが、周囲や社会のことを考えていて、すごかった。私は自分のことしか考えていなかった」と、とても勇気づけられたみたいで、出会ったころにくらべて、彼女の表情も明るくなった気がしました。親しくなってから1年後、Aさんは家庭の事情で仕事を辞められたので、現在は会っていません。

――Aさんは、職場で吃音のことで困ることはあったのでしょうか。

佐藤　長い話になるとつらいと言っていましたね。できるだけ、簡潔に話すように努力はしていたみたいですね。

――Aさんは話さずにすむから、清掃関係の仕事を選ばれたんですか。

佐藤　彼女はそう言っていましたね。自分の都合でこの職業を選んだと言っていましたね。

Aさんの話しかた

――佐藤さんと話すときは、こころを許すというか、気がねがなかったと思うのですが、「話しかた」について聞いたことはありますか。

佐藤　やさしくて、ことばを選んで話す方で、私のほうがずけずけいろいろなことを話していたけれど、Aさんは、「自分のなかでリズムを取りながら話す」とうまく話せると言っていました。大変な作業だなと思いますが、私にはよく話してくれたので、うれしかったですね。

――たくさんの本を購入されて、Aさんに「読んでみたら」と渡されるその好意とやさしさは、どこからでてくるのでしょうか。

佐藤　Aさんは、まだ、30代前半で先があるわけじゃないですか。

――そうですね。

佐藤　どうでもいいような生きかたをされているのを見ると、とても気の毒になっちゃうんですよ。なんとか彼女のためにほんの少しでも明るく、前向きに生きられるようなキッカケをつくることができたらと思いました。

――佐藤さん以外の職場の方は、Aさんとどのように接していましたか。

佐藤　Aさんは、職場ではごく普通にしゃべっていたので、誰も彼女の吃音のことは知らないと思いますね。

――私のような感じですね。

佐藤　そうですね。彼女の「ひと呼吸、おく」とか「息をのみこむ」動作というのは、私も気にはなりました。でも、しゃべるのが疲れちゃうから、そうしていると思いました。

――Aさんの吃音の告白があり、佐藤さんが私の吃音の本を読んだあと、「Aさんの吃音は、たいしたことではない」と思わなかったですか。

佐藤　思いました。「なに、気にしているのよ」と思いました。

――Aさんご本人にも、伝えましたか。

佐藤　それは言えなかったですね。本人にとっては重大なことですからね。彼女は毎日大変な思いをしながら仕事をし、彼女にとって普通の会話のひとこと、ふたことが大変な作業なんだなと思っていました。でも、吃音と言われるまで、まったく吃音とわからないしゃべりかたでした。

――成人の吃音の方でいっぱいことばがつまっても、「なにも気にしない」という方もいれば、ほんの少しつまっても「とても悩んでいる」という方もいます。吃音の症状の軽い、重いと、吃音への気持ちの軽い、重いの関係はとても不思議というかなかなか説明がつかないですね。

佐藤　私はほんの少ししか手助けはできませんが、「吃音には、いろいろな考えかたがあるよね」という気持ちにもっていければ一番いいですね。

周囲の励ます気持ちから出る「吃音のことを気にしないで」ということばもよくわかります。だけど、本人にとっては、気にしないでいられないから苦しいんですよね。私はなんでも話す天然のおしゃべりオバチャンだったから、Aさんも気を許して、吃音のことを話してくれたのかな（笑）。

自分でも　どうすることもできない感情

――Aさんの性格は、どのような感じでしたか。

佐藤　明るいかたでしたよ。ただ、まる1日、人とはつきあえなくて、半日が限界と言っていましたね。しんどいって。1日つきあったら、次の日は動けないみたいでしたよ。でも、会社では普通に人と交流ができて、カラオケや飲み会にもつきあってくれましたね。仕事もちゃんとしてすごい人でしたね。

暗い感じはなかったんですが、親しくなってから、彼女からいろいろなことをきいたときに、「マイナスというかネガティブな部分を抱えている人なんだな」と思い、わたしのこころが、グサッときました。自分でもどうすることもできない感情を抱えて生きてきて、どうでもいいという気持ちになってしまっている彼女を、私はどうすればいいんだろうと思いました。

――Aさんの自分でもどうすることもできない感情というのは……。

佐藤　ことばにするとうまく言えませんが……色の濃度ってありますよね。グレーとか、紺色とか……先のあかりが見えない、「暗い」「黒い」感じですかね。

――……それは仕事の選択とか、結婚するとか……そのようなことと関係しますか。

佐藤　いや、彼女の場合は、生きてること自体です。生きてること自体が、もう、しんどくてつらいんです。「いつ死んでもいい、別にどうってことないという気持ちになる」と彼女が言ったこともありました。

私は黙って聞くしかありませんでしたけれど、そのころは、彼女の人生のなかでドン底なんだろうなあと思いましたね。その気持ちを抱えながら毎日生きて職場に来て、また、帰るというくり返しなんです。泣きたいけれども、そこも通り越してしまった苦しさってありますよね。おそらく、彼女はそういう状態なんだろうなと思いました。

――Aさんは、子どものときはどうだったんでしょうね。

佐藤　お母さんは、ずっとAさんの吃音がわからなかったみたいですね。

――今までに病院に行かれたことは。

佐藤　1度も行ってないみたいですよ。だから余計にほかの人はどうなんだろうと知りたがっていましたね。

――Aさんは、吃音のある人たちとあまり会ったことがないかもしれませんね。

佐藤　Aさんはお母さんに「どうして子どものころに、ことばの教室や言語聴覚士のいる病院に連れて行ってくれなかったの」と、だいぶ母親を責めたときがあったらしいですね。

――お母さんも吃音のことがわからなかったかもしれませんね。

「同じ境遇の人を知りたいな」

佐藤　私は彼女に「障害に対して無知でごめんね」と伝えたことがあります。世のなかが障害のことを子どものときに教えていくべきかなと思います。子どものときに、世のなかにはこういう人もいる、ああいう人もいる、いろんな人がいるんだよという教えかたをしていけば、出会ったときにどうすればよいかが普通にわかり、大人になってからいろいろな障害のある方に出会っても戸惑うことも少なくなると思います。

——でも、そこまで心配というか考えてくれる人はあまりおられないですよ。

佐藤　私はおせっかいと思うときもあります。彼女自身がいやがったらなにもしなかったんですけれど、少し話しかけると、こうなんです、ああなんですとことばが返ってきて、「同じ境遇の人のことを知りたいな」という彼女の気持ちがとてもわかったんです。だから、少しでも力になってあげることができればと思ったんですね。

——すごいことだと思います。吃音でない佐藤さんは、職場で吃音のあるAさんと出会って、現在、「吃音」はどのようにとらえていますか。

佐藤　初めて彼女と会ったとき、障害者というイメージとは結びつかなかったですね。彼女が「吃音という障害をもっている」と言ったとき、「吃音はことばが出しづらいということなんだなあ」と思いました。あとになってから、うまくことばで言えないんですが、彼女が「深い悩み」「闇」を抱えて生きていることも知りました。

そのとき、「自分ができることはなにか」を考えることが大事だと思った記憶があります。そのきっかけが、本ですね。

——Aさんとこれからもタイミングが悪くて会えないとしたら、どのようなことばを心のなかで、かけてあげますか。

佐藤　「元気！」って（笑）。

私が佐藤さんに会いたいと思った理由は、佐藤さんは、私の書いた吃音の本を読んだあと、Aさんのために、わざわざ私のところへ電話で吃音のDVDの問い合わせをされるような人を想う女性だったからです。こころよく会ってお話を聞かせていただいたことに感謝したいと思います。佐藤さんの吃音者に対して構えることのない自然な態度と、「吃音には、いろいろな考えかたがあるよね」という柔軟な発言はとても印象に残りました。

そして、Aさんに向けての佐藤さんの最後の湿っぽくない「元気!」というごく普通の短いことばのなかに、

「……お互いメールや電話のやりとりはしないし、これからも会わないかもしれないけれど、でも……」という清々《すがすが》しい気持ちがこもっていました。

私は、吃音のあるすべての方に向けてのことばと受けとめました。

2 高校時代の友だちとの会話と、就職活動について

鈴木　かえ（すずき　かえ）大学生

2013年、大学生の鈴木かえさんが「小中高校生の吃音のつどい」（※5）に参加するときに、自己紹介をかねた吃音の体験談が紹介されました。自身の吃音についてとても素直に見つめていて、吃音ではない友だちとの会話の距離感は、とても微妙だけど本音を語っていました。

第2章では、社会人になったかえさんの仕事を取材していますが、まずは大学生のころの吃音の体験談を紹介します。

体験談

大学4年生の「かえ」です。体験談を書きます。

1か月くらい前でしょうか。高校時代の友だち2人（AさんとBさん）とファミレスでご飯を食べていたとき、高校時代の話で盛り上がりました。クラスメイトの話になり、Aさんが「田中君っていたよね。あのひと音読のとき、どもりすぎじゃない？」と、吃音を隠していた少し前の私なら、ヒヤヒヤしてしまうことを平気で言うのです。

そして、Aさんは「あれ、よく私にうつって、私もどもるようになって困ったけれど、おもしろかったあ」と言います。私は、「なにもおもしろくないよ。私は吃音にどれだけ苦しめられたことか。Aさんもどもって困ったん

だから、どもるつらさもわかったんじゃない」と思いました。すると、そのAさんはBさんに、「ねえ、うつらなかった?」と聞きます。私は、「もうやめてくれー（笑）」と思いながら話を聞いています。Bさんは、私が吃音者であることに気をつかったのか、苦笑いしながらも冷静に、「うつらない、うつらない」と言います。私は「もう好きにしてくれ、どこまででも暴走してくれ、私に気をつかわないでとことんしゃべってよ!」と思い、うなずくことしかできませんでした。

そこでまたAさんが「うそぉー、私、よくうつったんだけど!」と言います。Bさんは私に気をつかってか、なんだか申し訳なさそうな顔をしています。さすがに、この会話のくり返しでは私もつらいし先も見えないので、「私もよくどもるけど、うつってる?」と聞きました。するとAさんは「ん? そうだっけ? 大丈夫だよ、私もよくどもるし（笑）」と言うので、なんだかもう返すことばもなく、笑うしかありませんでした。

なぜ、この会話を書いたかというと、半年くらい前に、私はAさんに「私には吃音があって、電話を取るのも苦手なんだよね」という話もしたことがあるんです。Aさんとはよく会いますが、話をするたびに私はどもっているし、最近は、「小中高校生の吃音のつどい」にも参加していると伝えてあります。このことから、Aさんは少なくとも私が吃音者だということはわかっているのです。だから、なんだか怒る気も、悲しむ気にもなりませんでした。どもることが「おもしろい」と言われたときは、さすがに「ん? 私のまえでそれはないでしょう」と思いましたが、それと同時に吃音者じゃないと、おそらく「吃音」は不思議に感じるのだろうなあと思いました。

高校生のころからなかのいいAさんが、私のことを嫌いで意地悪をしてくるとは思えません。私がことばではうまく言いあらわせない気持ちになったのは事実ですが、本音でぶつかってきてくれているのではと、ポジティブに考えようと思っています。Aさんは私の吃音になんか興味がないみたいです。でも、Aさん自身がどもるっていう経験をして困ったことは事実みたいです。これって本当の友だちかもと思えた瞬間でした。

今、私は就職活動をしていて、先日1次面接がありました。面接では頭が真っ白になり、自己PRすらままならない状態でした。吃音が難発で話せないのではなくて、本当になにを話したらいいのかわからない状態で、ことばが出なくなりました。やっと話し出せたかと思ったら、変な敬語を使ってしまったり、かんだり、どもったりとさんざんでした。Aさん、Bさんと会ったときに、「面接してきたんだけど、かみまくり、どもりまくりで自分がなにを言っているのかわからなかったよ」と言うと、Aさんが「わかる、わかる、どもるし、かむよね」と言ってくれて私は少しほっとしました。吃音者じゃなくてもどもるんだなあと、どもる気持ちだけでもAさんにわかってもらってよかったと思ったからです。

私は1次面接をする前に、履歴書を持っていきました。履歴書を書く前は「どんな自己PRを書こうかなぁ。うーん、自分の特徴ってなんだろう、難しいなぁ。そんなの自分でもわからないしなぁ」と思っていました。いざ、履歴書を書こうとするとやはり書けません。まず、自分の特徴を書いてみようと思い、書きだしました。すると、吃音のことしか出てこなくて、うーん、困ったとなりました。明日までに持っていかなければならない、特徴なんてないよ、先のことばかり考えて、めんどくさがり屋で神経質な私は、なにを書けばいいんだろうと考えこみました。悩みに悩んだあげく「やっぱり吃音なしでは、私は語れない」と思って、履歴書に吃音のことを書いてしまいました。それがマイナスになることもあると思います。もしかしたらそれで落とされることがあるかもしれない。「まあそのときはそのときでいいや、べつに特別に行きたいところでもないし」と思い、そのまま提出しました。

それから、面接になったわけですが、面接では吃音の話ばかりでした。「吃音だったなら小学生のときいじめられたんですよね、つらかったでしょう。そんな経験もあるから人の役に立ちたいのよね」と言われ、ぼうぜんとしました。

私は小中高とどもっているのを真似や指摘をされたり、国語の授業中にからかわれたくらいで、いじめられた経験はないのです。確かにつらかったこともあるけど、「もうここまできたらやるしかない、大丈夫、できる！」と信じて、吃音を自覚したときからこれまで学芸会も発表会も難なくこなしてきました。幸い、友だちにも恵まれ、学生生活でこれがつらかったというのは、国語の音読くらいでした。なぜか不思議なことに、日本史や世界史といった横書きの文章はどもらずに読めるのに、国語のように縦書きになっている文章を読むことだけは苦手でした。最初のことばが出てしまえば、最後まで読めてしまうことがほとんどでしたが、国語の音読の最初のことばが出なくて苦痛でした。「どこを読むかわかってる？、ボーっとしてるからわからなくなるんだよ。もう大丈夫？」とクラスメイトや先生に言われるのが定番というか、そんな中学高校時代でした。

中学生のときはまわりが気づくほど、どもっていなかったのでそこまで国語の音読には抵抗がありませんでした。しかし、高校生になってからは音読が苦痛で苦痛で、現代文の授業だけは本読みに指名されたら困るので、自分はどこを音読することになるのかそればかり気になって、授業なんてまったく聞いていませんでした。なので、現代文の授業がない日はとてもいい日でした。

私の学生生活は毎日が毎日、つらかったわけじゃなく、学校行きたい！　と思いながら学校へ行っていた時期もあったので、その面接官が想像しているような学生生活を送ってきたわけではありません。だから、そんなかわいそうな目で見ないでほしいと思いました。友だちもいるし、人間関係には不自由していません。私はかわいそうなんじゃなくて、幸せですと思いました。するとすぐにほかの面接官から、「おそらく、話すときに言いたいことで頭がいっぱいになっちゃうんでしょうね。吃音をなおすためにトレーニングをしないのですか?」と言われました。正直、私はトレーニングでなおるようなものだとは思っていないので、「え?」「トレーニングでなおるんだったら吃音者は、いないじゃん、なに言ってんの!」「私、話すときに頭いっぱいになってないし」と思いました。なので、「トレーニングでなおるものだとは思わないですし、受けいれてます。」とこたえました。そのとき、吃音ということばを知っていても、なかなかその中身は認知されていないんだなぁと感じました。

結局、その面接になんのために行ったのか自分自身でもわからなくなりました。なんか、就職する気で行ったんじゃなくて、「私の吃音は、こうです!」みたいなアピールをして終わったというか、ある意味で、いい経験だったのかなぁなんて思っています。

吃音の認知度が高くならないかなと思っていたとき、卒論のテーマを考えなさいとゼミの先生(社会言語学、ジェンダー専門)に言われたので、吃音を題材にした卒論を書くことに決めました。まだ、相談段階で詳しい研究はしていないですが、とても楽しみにしています。こんな感じで、つい半年前まで吃音を受けいれることができなかった私ですが、卒論のテーマを吃音にして、発表することにも抵抗もなくなりました。

私、この半年で少し変われたかなと思っています。

第2章

吃音と就職

この章では、20歳代から40歳代までの6名の社会人として働き、「吃音」とともに生きている(考えている)方々を紹介します。

最初に、自身の映像と書籍をつくる過程でもとてもお世話になり、この章にもたびたびでてくる、「小中高校生の吃音のつどい」(※5)(略「つどい」)についてふれておこうと思います。

「つどい」は、吃音のある子どもたちとその保護者のほかに、スタッフとして参加する大学生、社会人、先生がた(ことばの教室や言語聴覚士)の集まりで、佐藤隆治代表のもと、地道な活動を継続されています。

私にとって「つどい」のなかの印象的なプログラムは、最後におこなわれる子どもたち全員が感想を発表する「一人《ひとり》一言《ひとこと》」です。たとえば50人の子どもたちが「一人1分」の感想を発表するとして単純計算すれば50分かかりますが、「吃音」があるので、倍以上の時間がかかります。

そのとき、参加者全員がことばを待ちます。ことばを出そうとする子どもたちと、ことばを待つ子どもたちの表情に流れる時間は、静かで濃密な時間です。たくさんの吃音にふれることにより、「つどい」が終わり帰路につくころには、とても緊張していた子どもたちの表情が、晴れやかな表情に変わっているのを見ると、この章の方々が社会人になってもスタッフとして参加する理由が、少しわかるような気がします。

とても長い章になりましたが、本当はもっと老若男女の仕事をしている吃音のある方々を紹介したかったです。「吃音」が当たり前のようにわれわれのまわりには「在る」ことを感じてほしかったからです。そのかわりと言ってはなんですが、「あとがき」で多くのかたがたを紹介しますので、ご覧ください。

1

やっぱり人間と接することが、大変だなと思います（笑）

鈴木　かえ（すずき　かえ）23歳（仕事　就労支援員）
●取材日　2015年4月26日
●東京都在住
●趣味　カメラ、音楽鑑賞、クレヨンしんちゃん
●好きな歌　JPOPならなんでも
●好きなミュージシャン　GLAY
●好きな著名人　さまぁ～ず

就活の面接

――私のなかでは、かえさんの体験談（前章参照）を読んでキャラクターをわかった気分でいますが、かえさんは「そんなのわかるわけないだろう！」と思っていますよね。

かえ　（笑）。

――最初はあの体験談にそって話を聞きたいと思います。面接をした会社はどうなりましたか。

かえ　はい、受かりましたがそこは辞退しました。今は、障害者の方が、就労前に通所することでパソコンの技術

などを習得したり、生活のリズムを整えたりする、就労支援の会社につとめています。その会社を受けたのは卒業する1か月前で面接官に会ったときに、ここなら絶対働けると確信しました。

――どうしてそう思ったんですか。

かえ　私にとってほかの会社は、かしこまっている感じがしたし、びっくりしたのはその会社だけが面接が終わってから、会社の前で私の姿が小さくなって見えなくなるまで、見送っていただきました。

――その会社の面接のエントリーシートに吃音のことを書きましたか。

かえ　書いてます。書くことで失敗したこともあります。別の会社ですが最終面接で社長と言いあいになったことがあります（笑）。

――くわしく聞いていいですか。

かえ　社長に「吃音なんて気にしなくていいんだよ！」「吃音をエントリーシートに書くことでもないし」と上から目線で言われました。私は「自分には吃音があって生活のやりづらさも感じていることを、あらかじめ伝えておいたほうがと思って……」と答えましたが、社長の表情は変わらず、「じゃあ、次の就活では吃音のことを書かないほうがいいよ」と言われました。私は「はい、そうですね」と返事はしましたが、私の表情は「フンッ！」だったと思います。落っこちましたけど（笑）。

会社の仕事について

――今の会社は、面接のときに吃音をどのように説明をしたんですか。

かえ　面接は3回あり、実習の選考も2回ありました。今の上司と面接をしたときに、「吃音は生まれつきなんですか」「いや、違うんですけど」という話になって、吃音のことをふくめて、私の話をちゃんと聞いてもらえた印象がありますね。

——入社をして1年たちますが、長続きしそうですか。

かえ　どうでしょうか。新しいことにもチャレンジしたいなぁと思うこともあります。

——働いてから吃音のことで困ることはありますか。

かえ　いっぱいありますね。

——たとえば、どのようなことですか。

かえ　障害者の方の前で講座をすることがあります。多くて10名くらいですが、全員が年上の前で話すのはちょっと……。

——どのような講座ですか。

かえ　パソコンの使いかたです。就労の際には必須になりますからね。その講座のときにどもってしまうんです。

——聞いているほうの反応は。

かえ　あまりなにも言われないんですけど、自分がとても気になっちゃうんですね。去年の7月に男性の利用者の方に「そんなにどもらなくても、いいんじゃないですか」と言われたこともあります（笑）。

——どのように答えましたか。

かえ　「私は吃音なんで、しょうがないんですよ！」と言いかえす（笑）と、「ああ、そういうのがあるんですか」と言われました。

そのあと、くやしいなあと思って上司に「私にはパソコン講座はできないかもしれません」と報告すると、「あなたを採用したのは吃音とは関係なく、障害者を見る目、着眼点がいいからだし、吃音はそのままでもいいよ」と言われたので、私は「まっ、いいか！」と思いなおしました（笑）。上司は私がパソコン講座を続けるとしても、無理をしない範囲で働いてねと言って一緒に考えてくれるので、私の気持ちもとても楽ですね。

――いい上司ですね。何歳ぐらいの方ですか。

かえ　50歳くらいの女性です。現在、パソコン講座は先輩と半々でやっています。

――最近、利用者の方から、かえさんの吃音について、なにかきかれることはありますか。

かえ　きかれないですね。私が思うほどみなさんは私の吃音が気にならない感じで、こういう人もいるんだろうなと思ったんじゃないですかね。

――ほかに吃音で困ることはありますか。

かえ　電話ですかね。受話器を取るほうが苦手ですね。私の名前の1音目である「か」が言えないときがあります。

――たぶん、受話器を取るほうのかえさんは、話す順序の計算ができないからかもしれませんね。

かえ　そうです。顔も見えませんしね。電話は入社したてのころは、だめだったんですけど、回数を重ねるうちにだいじょうぶになったんです。そう思っていたら今年の3月にまた言えなくなったので、1週間後に電話に出るのをやめました。

――その後は、どうなりましたか。

かえ　そういう不安を忘れてしまうころ、ちょっと電話を取ってみようかなと思ったら、ちゃんと言えました。

――ある意味、緊急避難をしてよかったですね。

かえ　そうですね。最近、また自分の名前が言いにくくなってきたんですが、どもりながらも受話器を取っているという感じです。

――かえさんの吃音は、難発、連発、伸発のどれですか。

かえ　難発、連発の両方ですね。毎朝、10人くらいのミーティングがあるんですね。そのとき、順番にその日の予定を発表するんですけど、それが苦痛なときもありましたね。そのときも上司に相談したら、そうかどうしようかと言って、「じゃあ、遅刻をしてきたらいいよ」「打ち合わせの途中でどこかに電話をしに行ってもいいよ」「紙に書いて出せば」といろいろ言われましたね（笑）。

――想像力のある上司が、かえさんのことを考えてくれる環境でよかったね。

かえ　本当によかったです。私にとって上司の存在は大きいですね。その上司がいなかったらたぶん3日くらいで辞めていると思います。そこまで言ってもらえるので、頑張って休まずミーティングに参加して、いっぱいどもっています（笑）。

――社会人を1年やってみて、なにが一番大変ですか。

かえ　やっぱり人間と接することが大変だなと思います（笑）。利用者さんとかかわるなかで、言いたくても言えないことが、結構、あったりするんですね。

――それは相手への配慮からですか。

かえ　それもありますが、自分の吃音が出てしまうのが大きいですね。吃音でも連発ならいいんですが、難発になってしまうとヘンな間《ま》みたいなものができてしまい、スムーズにコミュニケーションが取れなくなりますね。

――それは今でもですか。

かえ　はい。

――大学生と社会人、どちらの生活のほうがつまりやすいですか。

かえ　やっぱり社会人かな。

家族と吃音

――かえさんの弟さんにも吃音があり、ご両親と吃音の話はしたことがありますか。

かえ　なかったですね。両親は私が大学2年生くらいまで吃音のことで悩んでいることに気がつかなかったですね。そのときはゼミの発表で困っていることを母親に言ったら、「じゃあそんなにつらいなら大学に行かなくてもいいんじゃない！」と極端な返事があって「そうじゃないんだけどなあ」と思ったことがあります（笑）。

――たぶんご両親は、かえさんは自分の吃音をコントロールはできないときもあるけれども、なんとかやっていくんだろうなと思われていたんでしょうね。なかのよい友だちもちゃんといるしね。

かえ　きっとそう思ってますね。私は小さいころからまわりに相談をしないタイプだったんですね。でも大学2年生のころ、急に動悸がしてヘンだなと思って、そのとき、なにかが自分のなかでストレスなんだなぁと感じました。なんでこんなふうになるのかなと思って、そういえば自分が吃音だということを誰にも言ってなかったことに気づきました。

自分の気持ちを出せるところがあれば、もう少し生活もしやすくなると考えたし、そろそろ吃音とも向きあったほうがいいのかなと思いました。

――とても自分を考えていて、いいなと思いますよ。

かえ　それで、ミクシィ（SNS）で、「つどい」を見つけ出しました。

――「つどい」はどうでしたか。

かえ　スタッフとして「つどい」に参加した私は、吃音を受けいれていこうと思えるようになりました。今まで、私はとにかくマイナス思考で「どうせ吃音だからできない」という考えばかりでした。でも、「つどい」に参加してその考えが変わりました。自分ってなんだったのだろう、吃音にとらわれてばかりで馬鹿みたいと反省しました（笑）。初めて参加したにもかかわらず、みなさん優しくしてくれてとても居心地がよかったです。吃音者がたくさんいること、吃音があってもなくてもうんうんと待っていて話を聞いてくれる仲間がいること、誰も「早く話せよ」などと言わないこと、そのことに私は心が救われました。私はひとりじゃないんだなと思えたし、なぜもっと早く参加しなかったのだろうと思いました。

休　職

かえ　就職をした年の8月の終わりから約1か月間、休職をしたことがあります。

――その理由は。

かえ　やっぱり、人前で話すのは結構ストレスがあったみたいで、自分でも気づかずにいました。そのころはパソコン講座をして、その部署の事務もやっていたから、脳が疲れたんですかね（笑）。

――新人だから、いろいろなことを広く浅くと思いますが、それでもきつい場合もありますね。

かえ　ちょっと、ウツっぽくなってしまい、約1か月休みました。ずっと家にいたんですけど、ひまでひまでしょうがなかったですね。そこで、また母親に「もういいじゃんそんなの、そんなに大変な仕事ならやめたらいいでしょ」と言われ、私は「そうじゃないんだけどなあ」「辞めないよ」とこたえました（笑）。

――ストレートでいいお母さんだね（笑）。お父さんは。

かえ　特になにも言われなかったですね。

――1か月間、緊急避難ができてよかったですね。生意気な言いかたに聞こえるかもですが、いい親子関係ですね。

かえ　吃音のある弟は19歳になりますが、中学生のときに野球チームに入っていて、チームの仲間から「なんでそんなしゃべりかたをするの」ときかれて、弟は「いやあ、わかんないんだけど、こうなっちゃうんだよね」とこたえたらしいです。そのときも母親は、「そんなこと言われるんだったら、野球をやめたらいいでしょ」と言っちゃうんですよね。きっと、弟も「そうじゃないんだけどなあ」と思ったでしょうね（笑）。

「この人は、この人だから」

――社会人になったかえさんにとって吃音は、どのようになってきましたか。

かえ　今の仕事をして思うことは、人間はなにかしら抱えてるんだなって。もし自分が吃音じゃなかったら、たぶんこの仕事はやってないんじゃないかと思うんです。普通に事務職に就いていたと思います。でも、働いていて吃音が邪魔だと思うことは今でもあります。

――吃音があることで困り感がある社会人に、メッセージはありますか。

かえ　吃音があることで精神的に追い詰められていたら、逃げていいよと思います。

たとえば働いていて吃音でつらい場合、その仕事を辞めてもいいと思います。あとは相談できる場がひとつでもあればいいかなと思います。会社の上司、友だち、親とか誰でもいいと思います。私の場合は、私という人間性を見てくれてる友だちの存在が大きいですね。美人でかわいい、小学校からの友だちがいます。吃音の悩みだけではなく、人生の悩みを聞いてくれたり、ふざけたりしています。その友だちにはいつも救われています。

あと、まわりはあなたの吃音のことを気にしていないと思いますよ。私の場合ですが、職場で最初に「私には吃音があります」と言っちゃったほうが楽でしたね。吃音でない人に、「吃音ってどう思う」ときいたら、「吃音そのものより、その人の人間性を見て接しているから、そんなに気にしなくていいんじゃないかな」と言われたことはあります。ただ、それでもやはり気にはなりますし、今でも逃げたくなることもあります（笑）。

――吃音を知らない人が、吃音のことをどのように思っているかを知ることはとても大切な作業だと思うんですね。

かえ　私が働いてみて思うことは、仕事がら毎日のように、多くの障害者の方とお会いします。でも、その人たちを見るときに「この障害があるから、この人はこうとか」というような目では見ないんですね。

――とても大切な見方ですね。

かえ　「この人は、この人だから」というような目で見ているんで、吃音のある方も「この人は、この人だから」と見られていると思ってほしいです。

――職場で利用者の方と、どのような接しかたをされていますか。

かえ　私の利用者さんとの接しかたは、その人のいいなと思うところが見えてくれば、障害はオマケというか、そんなもんかなという小さな存在になっちゃいますね。利用者さんが、いつか自分の内面（いいところ）を見てくれる人と出会ってほしいなと思いながら、仕事をしています。

「そうじゃないんだけどなあ」

かえさんは、働いてからも両親とは吃音の相談をしたことがないそうですが、お母さんとの会話のなかで、何度もでてくる「そうじゃないんだけどなあ」は、私のなかで忘れられないことばになりました。

そのことばは、決して怒っているわけではなく、かといって、あきらめているわけでもなく、「仕方がないなあ、でも、わたしはなんとかやっていきますよ！」とやわらかく宣言しているように聞こえたからです。

2

大学の受験番号は、12908（14番）です

泉　洋介（いずみ　ようすけ）23歳（仕事　産業用ロボットのサービスエンジニア）

●取材日　2014年11月22日
●静岡県在住（北海道出身）
●趣味　自転車ロードバイク
●好きな歌　等身大のラブソング
●好きなミュージシャン　Aqua Timez　奥華子　ClariS
●好きな著名人　松下幸之助

泉洋介さんとは、2014年3月におこなわれた「つどい」でお会いしました。彼は北海道在住の大学生なのに、わざわざ東京でおこなわれている吃音者たちが集まる会にスタッフとして参加していました。親しく話したことはないのですが、朴訥《ぼくとつ》で自分のことばと考えをもっているように思えました。大学を卒業し、ひとり住まい（静岡県）の社会人1年生となって、洋介さんのなかで変わってきたこと、変わらないことをききたいと思い、「つどい」に参加する（社会人になっても！）前日に新横浜駅でお会いしました。

自己紹介

――最初に簡単な自己紹介をお願いします。

洋介　実家は北海道で、現在は仕事の関係で静岡県浜松市に住んでいます。23歳です。製造業界で使われている産業用ロボットのメンテナンスの仕事をしています。技術サービス業の会社ですね。本社は名古屋にあり、営業所は静岡、浜松、タイにあります。家族構成は両親、兄（ゲーム業界勤務、神奈川県在住）妹（大学生、東京在住）と私の5人家族で、私だけが吃音でした。

――子どものころの話を聞かせていただけますか。

洋介　私の住んでいるところは、公立の小学校、中学校が2クラスずつしかないので、幼稚園から一緒の友だちがたくさんいましたね。小学生のときはことばの教室に通っていました。そのころは、吃音のことで両親に相談したことはありませんでした。

――ことばの教室では吃音の症状は改善されましたか。

洋介　先生と1対1で、ただ、遊んでいるだけでしたね。

――幼稚園、小学校、中学校の約10年以上、ほぼ、同じメンバーということですね。

洋介　はい、なかのよい関係が続いたので、吃音について深く考えないですごしました。
　高校は、いろいろなところから人が集まるK市にある私立の高校に進学をしました。

――高校では印象的なエピソードはありますか。

洋介　初めて出会ったとき、みんなは15歳で知っている世界も狭いので、いじめやからかいにもあいました。僕が本読みであてられて読もうとするんですけれど、ことばが出にくくて、ことばを出そう出そうと思って身体中がこわばって震えているんですね。それを見て「あいつ、ふるえてるぞぉー」とか言われました。

――その場合、先生はどう対応していましたか。

洋介　からかいの声は大きくなく陰口《かげぐち》なので、先生にはきこえなかったと思います。

――クラブは。

洋介　ロボット研究部です。

――そこからもう理系なんですね。

洋介　そうです。高校1年生から理系でしたね（笑）。

――いじめやからかいにあっても、高校に通えましたか。

洋介　高校1年生の冬の3か月間、一時的に学校に行けないときがありずっとゲームをしていましたね。でも、今から思うとよい意味でウジウジといろんなことを考えることができた3か月間だったと思います。

――どのようにして学校に行けるようになりましたか。

洋介　高校2年生のときにコースわけがあり、僕をからかっていたグループが違うコースに行ったので自然と会わなくなり、いじめやからかいは少なくなりました。僕は部活動のメンバーと行動をすることが多くなりました。

――ロボット研究部ですね（笑）。ある意味、運がよかったですね。

洋介　そうですね（笑）。いじめグループと接点が少なくなり、救いでしたね。

大学受験のこと

――進学は。

洋介　高校の系列の私立の大学に進みましたが、少しもめました。

僕の進学希望の学部は医療系の臨床工学技士（人工透析やペースメーカーなどの器機を準備調整する）の資格が取得できる学部で、推薦の面接試験を受けました。そのとき、面接官に「将来の就職先である医療業界は人の命をあずかるから、コミュニケーションが取りにくい吃音のある学生は、医療系の学部は受けいれることができない」と言われました。いまさらそんなことを言われてもという感じになって僕は放心状態になりました。

——高校から大学側に、吃音のことの申し送りはなかったのですか。

洋介　はい、いっさいなかったみたいです。面接のあとになって、大学から高校に「こういう高校生が面接に来ているけど、どうする」みたいなことがあったようです。

——結局、どうなったんですか。

洋介　面接の翌日、高校の先生に呼び出されて、面接の結果は「不合格」ではなくて「面接不成立」だから、医療系の学部以外の学部であれば合格にしてあげるよと言われました。「なんじゃ、そりゃあ」と思いました。

——ご両親とはどのように相談したんですか。

洋介　ひきこもりがちになった高校生のころにお世話になった、吃音の臨床ができる心療内科の先生に診断書（吃音は改善の可能性があるという内容）を書いてもらうことになりました。それを高校に持っていき、どうしても医療系の学部に入りたいと伝えましたが、それでも、ダメだと言われました。

——ご両親からは……。

洋介　「あなたのやりたいようにしなさい」と言われ、どうしようかぁと考えなおして、推薦で建築科に進み、2年進級のときに電気科に転科しました。実は今でも持っているものがあるんです。（財布から紙を取り出し）これは14番という医療系の学部の大学入試の受験票です。

——どうして、今でも持っているんですか。

洋介　やっぱり、思い残している部分があるんですかね。

——大切なものかもしれませんね。ここで、進路が変わって洋介さんの今の仕事があるということですよね。

洋介　11月16日のこの受験票が分岐点ですからね。今でもこの学科に、先生に、学生に、恨みがありますね（笑）。この受験票は、ずっと持っています。

——受験票をずっと持っていることを、誰か知っていますか。

洋介　親にも言っていないので、誰も知らないですね。

——大切なその受験票を、いつかゴミ箱に捨てるときがあるかもしれないけれど、今でもそれが根っこにあって、いろいろなことを考えてきたんですね。小さな紙を見せてくれてありがとう。

就職活動と国立障害者リハビリテーションセンター病院（略「国《こく》リハ」）

——就職活動のとき、吃音のことを考えましたか。

洋介　大学4年生になるとき、ゼミの先生から「ことばがつまることで、就活でも苦労するかもしれないから、いろいろ考えたほうがよい」と言われて、先生と親と僕との三者面談の結果、大きなしっかりとした病院で検査をして今後のことを考えることになりました。いろいろな病院を探しましたが、北海道では成人吃音のリハビリをしている病院がなかったので、首都圏内の病院を探すことにしました。ネットで国リハ（※6）を見つけて予約をしましたが、3か月待ちでした。

——初めて国リハに行ったときは、どうでしたか。

洋介　こわかったですね（笑）。

――なにが一番印象に残っていますか。

洋介　検査をうけたあと、なにかいやなことがあったとき、なんでも吃音のせいにしないようにと言われました。確かにそうなんですね。

――そのあとどれくらいのペースで通院したんですか。

洋介　大学3年生の1月から、月に1回ペースで、11回、日帰りで埼玉県にある国リハに通いました。

――就活がうまくいかなかったころだと思いますが、わざわざ、北海道から埼玉県にある国リハまで、吃音のリハビリに通うことは苦にならなかったですか。

洋介　そう思うことはなかったですね。僕自身の性格はもともと引っ込み思案でしたが、国リハに通うことで発声練習をしたり、しゃべれるコツもつかんで、だんだんしゃべれるようになり気持ちが楽になりましたね。

――今でもリハビリは続けているんですか。

洋介　就活を終えて、静岡に行くことが決まったころに、国リハから「もういいでしょう」「吃音に向かいあえるようになってきたけど、社会人になっても通いますか？」と聞かれ、私も今後の生活スタイルがどうなるかわからないので、いったん終わりにしました。

――もっと早く国リハに通えばよかったですね。

洋介　そうですね。

――国リハに通うことで、だんだんしゃべれるようになり、気持ちが楽になったと聞きましたが、就活の面接はいかがでしたか。

洋介　やはり、面接が大変でした。履歴書には吃音のことを書かないで、別にレポートの形で自己紹介をかねて「吃音のこと」を書きました。そのほうが気持ちが楽になると思ったからです。

――面接で吃音を説明する手間が省けるし、面接自体に集中できますしね。

洋介　最初は大学枠（大学の先輩がいる会社）の会社を就活しました。吃音のレポートは提出しているけれど、面接の最初はやはり吃音のことを聞かれました。約8社受けましたが、全滅でした。

4年生の12月になると、3年生の就活も解禁になり、求人が少なくなってきて焦りました。大学からヤングハローワークに行くことも勧められて、名古屋に本社のある現在の会社の求人を見つけました。

――めげることもなく、とても、活動的ですね。大学では入学も就活も積極的にお世話にならなかったわけですね。

洋介　そうです。3月に名古屋で面接を1日で3回受けました。1次が人事のかた、2次が中堅クラスのかた、3次が社長面接でした。

――吃音のことについては、どのように説明しましたか。

洋介　1次では聞かれましたが、2次、3次では聞かれませんでした。面接自体は失敗したかなと思いましたが、1週間後に電話がかかってきて「正社員ではないが、契約社員なら」という連絡でした。

社会人1年生の生活

――正社員でないという理由は。

洋介　吃音のある人が、会社になじめるかどうかを見たいということで契約扱いになりました。しょうがないですよね。

――その契約というのは、1年たったら、正社員になれるんですか。

洋介　はい、最近、正社員になれる話をもらいました。

――よかったですね、握手をしておきましょう（…握手…）。仕事のほうは慣れましたか。

洋介　吃音だから、ああだこうだと言われたりすることもなく、僕の話をちゃんと聞いてもらっています。

——ということは、働いてからは吃音のことで「困り感」を感じることは……。

洋介　ないですね。僕が働いている営業所の社員は9名です。メンテナンスが私の仕事ですが、小さい会社なので営業もやります。自分で電話を取り、仕事先に車で先輩と行きます。今は仕事のほうが大変なので、吃音のことを考える（悩む）ことはありません。早く先輩なしで、徐々にひとりですべての仕事をこなしたいですね。

——仕事仲間と吃音のことを話したことは。

洋介　僕から言ったことはないですね。

——仕事仲間からは。

洋介　ないですね。そういう関係ですね。「僕はこんな人なんだ」という感じですね。

——仕事先はどうですか。

洋介　仕事先でも吃音のことを聞かれたこともないですし、自分からも言わないですね。

——吃音のある30代のホテルマンの方に、就職するときに吃音のことを伝えましたかとたずねたとき、履歴書にも、面接でも吃音のことにふれなかったという話を聞いたことがあります。そのとき、就活の際にそれもひとつのやりかただなと思いました。

洋介　入社してから吃音のことを徐々に説明してもよし、しなくてもよし、本人の吃音の具合によりますよね。

——今の悩みはなんですか。

洋介　うーん、お金ですかね（笑）。1年目はボーナスもないので金欠です。アパート代、光熱費、食費などで使うと、4万ぐらい残るんですが、こうやって東京とかに来ているとあっという間に金欠になります（笑）。

「つどい」の魅力

――仕事で忙しいのに、どうしてわざわざ、静岡から東京でおこなわれる「つどい」に参加するんですか。

洋介　吃音の仲間というのが初めてできた場所が、「つどい」なんですね。

――初めて参加したのが……。

洋介　去年の3月です。

――どうでしたか。

洋介　びっくりです。吃音の人がこんなにいるんだと思ったし、僕が思っていたより、みんな明るいんですよね。吃音があっても、できないことはないんだという考えかたも、すごいなと思いました。だって、僕自身、吃音だから大学の試験も失敗したし、高校のころから吃音をハンディと自分のなかで思いこんでいたんです。だから、「つどい」で吃音があっても普通の人のように頑張っている姿に、素直にびっくりしました。「つどい」は、金欠でも！　スタッフとして参加したい場です（笑）。

――スタッフだから、洋介さん自身がいっぱい話せる場ではないと思いますが、それでもいいのですか。

洋介　はい、いいです。

メッセージ

――吃音のある23歳の洋介さんが、吃音のある方になにか簡単なメッセージがあれば、お願いしたいのですが。

洋介　吃音で悩みごとがあるなら、まず、国リハに行ってほしいと思います。僕は北海道に住んでいても通ったんだから、関東に住んでいる人は通いやすい環境だと思ってほしいですね。

吃音だからできないということは、あまりないと思います。実際、こうして大人になってくると、吃音があってもひとりでいろいろできちゃうんですよね。

――たとえば。

洋介　ファミレスでの注文とか、意外とできちゃうんですよね。どもりながら注文しても友人や店員さんが、気にしている様子もないですしね。話していても、自分の吃音のことをいろいろ言われることも減りましたね。もしかしたら成人の吃音の方は、吃音でつらかったことをひきずりすぎているのかもしれませんね。

――洋介さんはひきずっていませんね。

洋介　これ（受験票）ぐらいですかね（笑）。

――うーん、もう十分にひきずっていますね（笑）。

洋介　でも、これはただ持っているだけで、最近はもうあまり意識していませんね。

――明日参加する「つどい」では、洋介さんよりことばがつまる多くの吃音の子どもたちに会いますが、どのように感じながら接していますか。

洋介　「そんなもなんだなあ」という感じです。この子の吃音が重いとか、かわいそうとか思わないです。まったく思わないですね。

洋介さんの2年後

財布のなかに入っていた、受験票はとても小さな紙きれでした。でも、洋介さんにとっては大きな紙きれで、早く忘れてほしいなと思いながら取材をした記憶があります。

2年後の洋介さんの近況は、取材のときに勤めていて会社は2015年3月に退職し（理由は吃音でなく、人間関係……一番難しいです）、いったん北海道にもどり充電をしたあと、現在は愛知県にある自動車関連の会社でエンジニアとして元気に働いています。ひとつの会社に正社員として一生勤め続けることが、「すべて、正解」「すべて、しあわせ」の時代でもないから、いろいろなことを働きながら考え続けてほしいと思います。洋介さんの前には、いろいろな道があります。あと、あの小さな紙きれは……「まだ、財布のなかに入っています、なんでですかね（笑）」とのことでした。最後に、吃音への思いをききました。

洋介　吃音と向きあうのは本当に難しいです。いまだに吃音を言い訳につかう場面があります。しかし、ゆっくりですけど確実に前へ進んでいます。高校1年生から大学3年生までの6年間の遅れ（逃げ）を必死に取りもどそうと、毎日悩み、考え、そして砕けてます（笑）。吃音と向きあう簡単な方法は「砕ける」や「失敗」することだと思います。

失敗にくじけそう、心が折れそうになったら、いつでも相談に乗ります。

「足踏みをしてる人のことばは言い訳。踏み出した人のことばは成果結果」

3

重い吃音 生きることを捨てていました

水谷　正志（みずたに　まさし）26歳（仕事　IT品質サービス提供会社の総務）

- 取材日　2015年5月30日
- 神奈川県在住（静岡県出身）
- 趣味　卓球、ランニング、寝ること
- 好きな歌　I Feel Pretty／Unpretty（アメリカドラマ「Glee」より）
- 好きなミュージシャン　桜庭統、浜渦正志、北村友香（全員、ゲーム音楽作曲家）
- 好きな著名人　許昕と黄鎮廷（卓球選手）、ユアン・マクレガー（俳優）

２０１４年3月、水谷君は大学生のときに、言友会（※7）の関東ブロック大会の委員長をつとめたことがあります。私は水谷委員長のさそいで大会のプログラムのなかで吃音の話をしました。水谷君が開会の辞を述べるとき、数分間ことばがつまってしまい、結局、代読されてしまいました。

大会の事前打ち合わせのときは、小さなメトロノーム（器機）を使ってなんとか話し終えていたのに、大会当日は器機も役に立たず、参加者の前で立ちつくしていた水谷君。

いつか水谷君にあのときの気持ちと、成人になっても吃音の症状が重い場合は、どのような気持ちで日々を送っているのか聞いてみたいと思っていました。

ことばの先取《さきど》り

――はじめに簡単な自己紹介をお願いします。

水谷　はい、実家は静岡です。５人家族で両親と兄と双子の吃音のある弟がいて、僕は双子の兄のほうです。大学から東京に来ていて、今は社会人で26歳になりました。

――弟さんのほうは。

水谷　双子の弟は私と逆で話すコツをつかんだみたいで、なんとかやっていて、吃音があった母親は、全然どもらなくなって高校の教師をしています。父親は会社員です。

――ことばの教室には通いましたか。

水谷　小学校５年生からことばの教室に通いました。そのころはまだ軽いほうだったと思います。高校に入学して現代文の音読のとき急にことばが出なくなり、高校生活の３年間は、ずっとそんなことが続きました。当時の自分にアドバイスができるなら、メモでもよいので、あらかじめ現代文の先生に自分の吃音を伝えておけばよかったと思います。でも、そのときはそんな余裕がなかったですね。

――今日、水谷君がことばにつまったとき、私が『ことばの先取り』（水谷君の言いたいことばを察して、私が代わりに言いたいことばを先に言う）をしてもいいですか。

水谷　はい、してください。会社の先輩にも、同じ『ことばの先取り』のことを言われたことがあります。僕の場合は、『ことばの先取り』をされても気にしないと伝えています。

――わかりました。では大学生活のことを、詳しく教えていただけますか。

水谷　高校のときは、僕の吃音のことをわかってくれる友だちがいてよかったのですが、進学をした東京の理系の大学は、まともに通ったのは最初の1年だけで、在籍したのは6年間です。大学1年のとき、ひとりずつプレゼンをする授業で、すごい自分の吃音のことを考えました。

——プレゼンは成功しましたか。

水谷　なんとか話せましたが、プレゼンの内容よりも、どもらずにちゃんと話し終えることができるかどうかを考えることに疲れました。結局、1年生を1回、2年生を1回、3年生を4回やり、大学を退学しました。そのころはどもる自分がきらいになっていました。

——友だちがいれば学校へ行っていましたか。

水谷　友だちに対してもどもるのもいやで、2年生になってすぐに大学に行かなくなりました。2年生からの5年間は、週3コマぐらいは大学に行ったときもありますが、ほとんどひきこもることになりました。そのころは、もう生きることも捨てていました。でも、死のうとは思わなくて、ダラダラと毎日をすごし続けていました。

——よく踏ん張れましたね。

水谷　踏ん張ってはいなかったですね。なるようになれというか、なにも考えず、楽なほうに流れていただけでした。

——じゃあ、6年間は長かったですか。

水谷　どうなんでしょうね。

——6年間、留年をくり返したけれど、ご両親からなにか言われることはなかったんですか。

水谷　静岡の実家から離れて、東京で大学生活を送っていたので、あまり干渉はされなかったです。でも、ひどい成績表が親元に届くころに親から連絡が来るんですけれど、毎年、これから頑張ると話していました（笑）。

——ということは、大学生活はひとり暮らしだから、ひきこもりやすかったですね。

水谷　そうですね、ひきこもってくださいみたいな環境でしたね。

ちゃんと話を聞いてもらえるという経験

水谷　21歳のときに東京言友会（※8）がおこなっている吃音改善研究会に参加したことがあります。そのときに吃音のある大学生のS君と出会い、「つどい」にさそわれました。すぐには「つどい」に参加しようという気持ちにはなれなくて、大学にも行ったり行かなかったりをずっとくり返していました。当時の自分がやっていたらよかったなと思うことは、お世辞でもなんでもなく、大学1年生のころからの「つどい」への参加です。

――それは視野を広げたり、吃音の仲間と早く出会うことができたのにということですか。

水谷　はい、そうです。大学1年生のときに、いい軌道に乗ってなかったので、留年をしたと思うんです。取り返しがつかなくなる前に、「つどい」に参加して精神的にもいい軌道にのって、大学生活を送りたかったですね。

――初めて「つどい」に参加をしたのは、いつですか？

水谷　23歳のときです。「つどい」は同年代の人が多いというのもありますけど、それ以上に「つどい」の人たちはこっちがいくらどもってもちゃんと話を聞いてくれるんですね。ああいう経験を大学1年生のころからしていたら、自分の吃音の考えかたもどんどん変わっていったのかなと思います。

就職の話

――今、働いている仕事の内容を教えていただけますか。

水谷　就職をしたのが去年の8月です。パソコンの機器を修理したり、パソコンにいろいろインストールしたりする、サービス業の会社の事務として働いています。

――その仕事はどうやって見つけたんですか？

水谷　ひとことで言うと、コネ入社です（笑）。

――いいんです。コネでもすねでもなんでも利用してください（笑）。

水谷　母親の高校のときの同級生がその会社の部長だったので、紹介してもらいました。

――ということは大学を去年の３月に辞めてから、４か月後には職に就いたわけですね。

水谷　そうです。入社する前は不安がありましたが、なんとかやっています。

――仕事のうえで、話すことはどうですか。

水谷　所属をしている部署は総務部です。社内の人にいろいろ連絡することが多いですし、社外からの配布物を各部署に配ることもあり、結構、人と接して話す機会が多いですね。

――人とかかわり始めていますね。

水谷　部長さんとつながりがあって入った会社なんですが、入るときに前もって僕が吃音をもっている人間というのを会社に伝えておきました。そのおかげで面接場所には、パソコンとプロジェクターがありました。話すことがつらいときはそのパソコンを使って筆談をしてもいいですよという感じでした。

話しかたについて

――今日、筆談より水谷君の声を聞きたいと思っていました。

水谷　ありがとうございます。会社の面接のときはしゃべりかたのことをなにも伝えずに、普段通りに話そうと思いました。そうするとやっぱりどもってしまって、うまく話せなかったので、パソコンを使って筆談をしたんですね。しばらく筆談をしたあとに、ゆっくり話す方法にきりかえて、最終的にはこの話しかたでずっと話しました。

——筆談ばかりしていると、どもり具合もわからないから、相手に話しかたを聞いてもらったほうがいいですよね。

水谷　はい。いろいろ配慮してくれる会社でした。同じ職場の人もいい人たちばかりで、どもって話しても私の話をちゃんと聞いてくれます。

——就職してよかったですね。水谷君の表情がとても明るくなったと思いますよ。

水谷　入社するまでは不安だったんですけれど、運がよかったんです。

——でも運も自分が引っぱってくるんだから、それでいいと思いますよ。いくらまわりがおぜん立てをしても、そのあとはお母さんが面倒を見るわけでもないし、自分からコミュニケーションを取ろうとする意志というか、その会社のなかでどんな表情で、どのように人と接するかは水谷君次第ですからね。

職場の先輩

水谷　僕の教育係になった同じ部署の志田先輩（30代・女性）は、すごい人でした。吃音者に会ったのは初めてなのに、最初から対応が完璧でした。さっき北川さんが聞いてくれた、僕がどもっているときにことばの先取りをしてもいいですかという質問も、会った直後にありました。

——とても想像力があるかたですね。

水谷　配慮ができるかたで、入社してから助けてもらった部分はかなりあります。

——そういう意味でも運がよかったですね。

水谷　ほかの上司も、僕がこういう話しかただというのもちゃんとわかったうえで仕事をまわしてくれます。

——そういう社会になればいいですね。

水谷　だからこっちも早く仕事をおぼえて、まわりの人の力になりたいと思っています。

――失礼な言いかたになるかもしれませんが、水谷君にとって働き続ける人間関係の力をつけるために、あの時間(自分なりの話しかたにたどりついた6年間)が必要だったかもしれませんね。

吃音と筆談

水谷　僕は日常的に紙に字を書くという筆談をして、人とやりとりをすることがあるんですね。

――子どものころから、ずっとですか。

水谷　いえ、20歳のころからです。病院とかで先生に自分の症状を伝える場合に筆談を使いました。言友会のなかで「日常的に筆談をしている」と話すと、まず、共感されないんですね。

――それは、「つまってでもいいから、なんとかしゃべっていこう」に反するからですか。

水谷　吃音者が筆談するということが、想像できない吃音者もいるということです。

筆談とかのレベルになると、自分たちとは世界が違うと思えるんでしょうね。だからみんなが話す内容も、軽い吃音者のなかだけの話になってしまいます。僕は話に入っていけないんですね。よく吃音のカミングアウトの話になるんですが、僕なんかは、ひとこと、ふたこと話したら、「このひとは、ことばに問題がある」とわかってしまうわけですね。僕は吃音をカミングアウトするしかないわけです。だから、みんながカミングアウトするかどうかの話は、よくわからないですね。

――そうかあ。カミングアウトをする苦労というより、はなすことばを出すこと自体が問題ですものね。水谷君が関東ブロック大会で委員長をしたとき、あいさつのことばの1音目が数分間でなかったのはとてもよく覚えています。というのも、事前に言友会で打ち合わせをしたときは小さな器機を使いながら、今日のように話ができたのに、大会当日は、水谷君のあいさつは、メモを代読されることで終わりました。あのときはどんな気持ちになるんですか。

水谷　あれはまあしょうがないか、こんなもんだろうなと思っていました（苦笑）。重い吃音者にとって、軽い吃音者が話すだけで「ことばの暴力」と感じるときもあります。

――ことばの暴力。

水谷　はい、うまく言えないんですが、吃音者同士で自由に話したいと思っているとき、自由に話せない自分がいるわけです。威圧的なことばを言われなくても、みんなが楽しく話すのを見ているだけで、ことばの暴力と感じるときがあるんです。

――社会人になって、忙しさにかまけるというのも変な言いかたですが、自身の重い吃音のこともそんなに深くは考えなくなりましたか。

水谷　でもやっぱりたまに「つどい」に行ったりすると、みんなは自由に話せてうらやましいなと思いますね。

――国リハ（※6）に通ったことはあるんですか。

水谷　はい、大学生のころですね。でも、ほとんど行けませんでした。働き始めたのでまた通院しようと思っています。働いているとどうしても困るときがあるんですね。やっぱりもうちょっとスムーズに話せたら、相手とのコミュニケーションも楽にできると思います。

――簡単にいうと筆談の量も減りますしね。

水谷　僕の話しかたでは、聞いている側にとってはちょっと迷惑というか、聞きづらいと思うんですね。

――よく相手のことを考えていますね。

水谷　軽減したいんです。

――うまく言えませんが、「迷惑」ではないと思います。もちろん、今日、私が水谷君と話すとき普段より耳をす

ましたり、聞き返すことが多いことは確かです。会社の同僚の方も迷惑とは思っていないし、吃音とはそういうものだと思っているのではないですか。水谷君が、吃音を少しでも改善したいと思うのは、事務的な伝達をもっと円滑にしたいからですよね。

水谷　そうです。自分が楽になるし、互いに楽になりますしね。どもってもいいんだという考えは、僕自身もどもるのは悪いものではないと思います。でも、誰かれ構わずどもりまくって話すのも、ちょっと相手のことを考えてないんじゃないかと思います。今はまわりのひとにも恵まれていて仕事もできていますけれど、でもやっぱり、ちゃんと話せないと、どうにもならない場面というのが結構ありますね。

――いい意味で、だんだん欲も出てきますしね。今よりコミュニケーションがもっとうまくいけばと思いますよね。

水谷　「どもるのは悪いことじゃない」と思う自分がいる一方で、「スムーズに話せるように努力する思いも大事」と思う、もうひとりの自分がいます。

――どもりながら話すのと、器機を使って話すのと、どちらが体力的に疲れますか。

水谷　疲れるのは、どもりながら話すほうですね。

――以前、会ったときはメトロノームのような器機を持っていましたよね。

水谷　今はメトロノームは邪魔なので、今日のように机を人差し指でリズムを取りながらたたき、それに合わせて話すやりかたにしています。私のように話すことがどうにもならなくなっとき、どうすればいいかという「最後のなにか」があればと思います。

――緊急避難（誰かに相談したり、会社や学校を休む）もできないくらい追いこまれる前にですよね。

水谷　はい。

まわりの世界がこわかったけれど

――最後にメッセージはありますか。ひきこもっていたころの自分に向かってでもいいのでお願いします。

水谷　自分に言いたいのは「ちゃんと世界を見ろ、まわりをしっかり見ろ」ということですかね。こちらがどもっていてもちゃんと聞いてくれる人がたくさんいることを知ってほしいです。吃音でない普通の人は、別の世界の人ではありません。まわりの世界に入って、ほかの人をちゃんと見て、世界と接することに臆病にならないでほしいです。ほとんど自分に言っていますが「しっかり……しなさい！」ということです（笑）。

――それは、世界とかかわり始めたからですか。

水谷　そうです。最初は自分のなかに閉じこもっていて、自分以外の人を見くだしていました。自分しか認めていなかったですね。今はちゃんと世界が見えるようになったと思います。今、吃音でない普通に話す人と壁をつくらずにかかわれて、この世界はそんなにこわいものじゃないと思うようになりました。

――こわいっていうのは、面白いですね。

水谷　ひきこもっていたころは、まわりがこわかったですね。

――じゃあ、今では世のなかを見くだしてはいないですか。

水谷　もちろんです（笑）。見くだしていません。

「迷　惑」

産休中で取材ができなかった志田先輩（30代・女性）が、職場に復帰されたことを知り、取材のなかの「迷惑」について、電話でお話をうかがいました。水谷君の取材から2年が経ったこの小さな取材が、本書の最後の取材になりました。吃音者が初めて社会に出たときに、どのような非吃音者の方々と出会うのか。志田さんのように、吃音のことを、ほんの少しの時間でいいので想像してほしいと思います。


志田　吃音は、水谷さんのもつ「目に見えやすいハンディ」だと思います。やはり、ほかの問題ない人たちと同じようにスムーズに会話はできないですし、頼めない仕事もあります。これは事実です。

でも、私は迷惑とは思っていません。吃音は仕方のないことで、水谷さんのやる気や、頑張りが不足しているから、吃音になったわけではないですからね。

ですから、吃音はハンディだと思うだけで、それ以上、どうのこうの思うことはないです。水谷さんの場合は、少しだけ話す手助け(*)をすれば、問題は解決します。会社というのは、そんなハンディはなくても、性格的、能力的なことなどで、もっともっと配慮しなくてはいけない人たちもいたりします。

北川さんからの「吃音って、なんだと思いますか」という問いが、電話のあともずっと頭にのこり、ぼんやり考えていました。

……水谷さんの吃音を知って3年が経ちますが、私が吃音について思うのは……、わたしたちは、人とのコミュニケーションなくして生きていけないと思うのですが、それが、ままならない吃音は、その人の性格・生活・人生に大きく影響するものなんだなと思いました。

＊緊張気味でことばが出てこなくなってしまったときに、ちょっとジョークでなごませる。これは、水谷さんとの関係性もあってできることですが、「どうしたの？　○○のこと？　あぁ△△？　まーた、なにかやらかしたの（笑）？」とかです。そうすると、「いやいや、違います（笑）」とか笑って、スラスラ話し出してくれるときもあります。もうひとつは、ことばの先取りです。

4

うさぎはかわいい。けれど言葉がしゃべれない。

保坂　敏子（ほさか　としこ）30代（仕事　会社員）

- 取材日　2015年2月28日
- 東京都在住（鹿児島県出身）
- 趣味　写真、古い建物を見ること、小劇場で演劇をみること
- 好きな歌　なごり雪
- 好きなミュージシャン　安室奈美恵、椎名林檎
- 好きな著名人　タモリ

保坂さんに初めてお会いしたのは、「つどい」です。社会人で忙しいのに、代表の佐藤さんや大学生のスタッフと一緒に休日におこなわれる打ち合わせや催しに積極的に参加されていました。第一印象はとても物静かな方でした。保坂さんの吃音は症状としてはあっても、社会人なので克服されていて、吃音の先輩として「つどい」に参加されていると勝手に思いこんでいたので、お話しをすることもありませんでした。

この書籍の取材で吃音のある成人女性を考えたとき、最初に思いだしたのが保坂さんでした。おなかに赤ちゃんがいる体調にもかかわらず、長い話につきあっていただきました。

発吃と不安感

——保坂さんはいつごろ自分の吃音に気づきましたか。

保坂　小学校2年生の国語の時間で一人ひとり順番にまわってくる本読みのときに、全然声が出なくて声を出そうとすると、どもるというか口のなかで息だけが出て声が出てこなくなりました。急に吃音になったという感じで、それがなにかというのもわからなかったし、学校の先生からのフォローもなかったです。原因も、対処の方法もわからなかったし……すごく困りました。それがきっかけで本読みのときも、普通にしゃべるときも、同じように声が出なくなって、今でもそれが続いていますね。

——順番にまわってくる本読みのときは、順番をとばしてほしいですか、それとも待ってほしいですか。

保坂　両方ですかね。

——……両方？……。

保坂　助けてほしいと思う反面、そんな配慮をされるのもいやなんですよね。じゃあ、どうしたらいいのかという話になりますよね。

——吃音になってから、どのように気持ちが変わりましたか。

保坂　吃音になる前は、ちょっと恥ずかしがりやでしたが、緊張しながらでも本はちゃんと読めました。でも吃音になってからは、不安感の強さはなくならないで、今でもずっと続いていますね。

——その不安感をもう少し詳しく教えてください。

保坂　吃音というのは調子のいいときと、ちなみに私は今日はとても調子がいいんですけれど（笑）、全然ダメなときと波があって、不安感もそれにあわせて波がありますね。今日みたいにしゃべれるときはあまり不安もないんですが、1度どもってしまうとものすごく不安になりますね。
　一般的には大人になるとちょっとずつ対処ができるようになって、不安感が消えていくんですが、やっぱり吃音になりたてのころと、思春期のころ……中学生のころかな。あのころはとても不安感が強かったですね。私はずっと吃音はなおるんじゃないかと思っていました。だから、調子のいいときはもうなおるかもしれないと思って、でも、なおらなかったときの不安感というか。

――いやな気持ちですか。

保坂　そう、いやな気持ちですね。もしかしたら大人になっても、おばあちゃんになっても、ずっとこのままなのかなと思うと、ものすごく不安だし、この先どうなるのかわからないという不安感ですかね。家族のなかで自分だけが吃音になったことがわけがわからなくて……でも、自分だけが理不尽なことというか、罰ゲームみたいなことを強いられているという気持ちもありましたね。
　ある時期は朝起きた瞬間から「今日はどもるのかな」と、考えかたの中心が吃音になっていました。今日はどもるのか、どもらないのか、今日1日はちゃんとどもらずにすごせるのか、どもってもごまかせるのか、どうやってごまかしていこうかとか、そんなことが私の中心になっていました。

――そうじゃない時期もあったんですか。

保坂　そうですね。私はわりと考えこまないタイプなんで、吃音の波があって調子のいいときは大丈夫でしたね。ただ、あきらかにみんなとしゃべりかたが違うんで、恥ずかしいし、普通の人ができる当たり前のことが、どんなに頑張っても当たり前にできないという……でも、できるときもあるし、できないときもあるんですよね。私自身が吃音がわからないから説明できないので、相手もわからなくなりますよね。

自分のことが、「読めない」

保坂　予想が外れて気分がいいときも、どもったりするときもあるし、緊張しそうな場面ではだいたい、どもるんですけど、そうじゃないときもあるんですよね。ある程度は心理的なものとリンクしている部分はあるんでしょうけれど、ただ、それだけではなかなか説明できないし……逆にそれが不安なんですよね。自分のことが、「読めない」というのは不安ですね。

私は子どものころは本を読んだり、マンガを読んだり、文章を書いたり内向的な遊びが好きでした。今でもそうですが、ことばで説明することが苦手ですね。積極的にことばを使おうと考えなかったです。人と話すときも、質問されたことにちゃんと答えているかと思うと、今でも不安ですね。ことばのやりとりに慣れていないというか、どもっちゃいけないというのが頭にあるので、あまり相手の話を聞いてないんですよね（笑）。

自分のことで精一杯なんです。だから、話があまりかみ合わなくて、「人の話を聞いていない！」とか「的《まと》外《はず》れなことばを返している！」と言われますね（笑）。

――私もよく言われます（笑）。でも本人にとっては、しゃべっているあいだも、頭は回転し続けていますよね。

保坂　とても、忙しいですね。具体的にいうと「明日」の「あ」ということばが出にくい場合は、今日が「2日」だとしたら、「3日（みっか）」とか「次（つぎ）の日」とかいろいろなチャンネルを用意しておきます。

――そんなふうにことばを探す場合は、どのようなしゃべりかたになりますか。

保坂　私の場合は、ことばを探す作業は一瞬なので、ゆっくりという話しかたにはならないですね。あと、やっぱり、対人関係はすごく気にしますし、こわいですね。吃音のせいで、話が通じにくいというのもあるし、相手の反応がこわくてしゃべれなかったり、相手が自分のことをどう思っているのかすごく気にしてしまいます。

吃音のない人もそういうところはあるんでしょうけれど、たぶん、吃音の人は余計に人目を気にするというのはあるかもしれないですね。ことばが相手に伝わっているかどうかを気にするより、自分の言いかた、話しかたに気を取られてしまうこともよくあります。

就職……吃音にとりつかれる時期

保坂　ときどき、吃音のことを気にせずに思いきり話せたらいいなと思うこともあります。私はある時期、ずっと吃音のことばかり考えてしまって、考えたくはないんだけれども頭のなかに入ってきてしまって、それに加えて、吃音以外のいろんな不安感みたいなものが、ごちゃまぜになったものが押しよせてきて、「とりつかれている」と思った時期がありました。

就職して最初のころはそうでしたね。電話を取ってと言われて、電話で話すことが全然できなくて、中学生や高校生ができることが私にはできないし、まわりからは「はぁ!?」みたいな反応や、笑われたりもするし、上司は「こいつを採用して失敗をした」と思っているだろうなとか。電話ができないとほかのことに注意がいかなくなって、本当にダメ社員でした。入社3年目までは相当いろいろやらかして、空回りしていましたね。

そのころは、完全に吃音にとりつかれていたと思います。でも、周囲が根気よくつきあってくれて私は恵まれていたし、最初の3年を乗り越えたら仕事はあまり大変だと思わなくなりましたね。今の仕事の苦労は、あの3年に比べたら、たいしたことないですね。

――ことばが出てこないときの感情を、ことばで説明できますか

保坂　思考は停止します。パニックでなにも考えられなくなる感覚ってあるじゃないですか。あれに近いですね。ことばを出そうとするんですけれど、出ないんでどうすることもできないんで、立ちどまるしかないんですよ。

ことばを探して言いかえられるなら、まだ、それで対応できるんですけれど、そういうことすらできないときもあって、そういうときは、「あ、あ、あ、あ、」みたいな感じになりますね。まわりも私がなにか言いたそうにしているのはわかるので、ずっと、次のことばが出るまで待っているんですよ。でも私は全然言えなくて……変な沈黙が続いて、そうなると、ますます言えなくなるんですよね。

最後は、もういいかなという感じになってしまい、相手もよくわからないあいだに次の話題に話がすすむことがあります。なかのよい人はあまり驚きもしませんが、初めて話す人は戸惑っているんだろうなと思います。

――そのようなとき、保坂さんはどんな表情なんでしょうね。

保坂　以前、吃音者のサークルである廣瀬カウンセリング教室（※9）で、自分がどもっているときの様子をビデオに撮って見るということをしたのですが、どもっているときの自分の顔はこわばっていました。とてもコワイ顔をしていましたね。自分ではそう思っていなかったのに、顔の筋肉がカチコチで、はじめて見たときは、「私、こうなってるんだあ！」とちょっとびっくりしました。吃音のときは自分の表情をチェックする余裕なんてありませんしね。

本当の姿

――私はとても興奮をすると吃音が出てしまいます。自分のことばを冷静にコントロールできないからだと思っています。大勢の場所で話すと伝わらないもどかしさと不安が今でもあります。

保坂　ちょっとしたささいなことでも、話すことは、すごくストレスがたまりますね。

――「遠まわしに聞こえる」と言われることはよくあります。言いたいことは、ハッキリと決まっているけれど、的確なことばで言えないのでしょうね。

保坂　伝えたいことはあるんですけれど、わずかな時間でも考えているあいだに、違うふうになっているのかもしれないですね。

――説明するということが苦手だから、大勢の場所で話すことも苦手なのかもしれませんね。

保坂　説明することは、苦手ですね。思っていることがあって、それを普通に気持ちをこめてストレートに伝えるというのが慣れてないというかできないんですね。それができれば、人生は楽でしょうね。私は無意識にことばを言いかえているので、伝わってないような気がするんです。フィルターを通して相手と話しているような感じがぬけない気がします。

女性の吃音者のほうが、吃音をごまかすのがじょうずなんですよね。なんとかわからないようにやっているのかな……女性も吃音の方は結構多いと思います。

私と同じ年代の吃音の女性の方がいるのですが、その方は吃音の症状がとても重くて、いままですごく葛藤してきたと思います。たぶん、死にたいと思ったことも何回もあったと思います。でもあるとき、症状が軽くなったんです。すごく表情が明るくなって……その方が今日いてくれたらと話しながら思ったんですけれど……5年前に彼女に初めて会ったときは本当にどもって話せなかったんですけど、でもとても頑張りやさんでやさしい方なんですね。その方の「自分自身との葛藤」にとても興味がありますね（次章で紹介）。

――一番落ち着くというか、本当の姿を出せるときは、どんなときですか。

保坂　ひとりになったときだけかもしれないですね。誰か人がいると落ち着かないというか。私は最近結婚したんですが、相手には吃音のことを話してないし、私とはタイプが正反対の人で、なんだか世界が違う人という感じで気が楽ですね。私がどもっていても、気にしない人です。私にとっては同じ吃音者同士で一緒に生活することはなんだか想像できなくて……。吃音からのがれられない感じがしますし、考えてしまいそうですね。

でも、一方では吃音者の集まりに行って、初対面の人と話すとき、こころを許してしまいます。初めて会ってどういう人かわからないのに吃音という共通点だけですごくこころを許してしまいます。一緒に住むことはできないけれど（笑）、初対面でも気楽に話せてしまうのは、なんでしょうね。お互いに不安感を抱えているからホッとするのかな。

人生の選択

――……生まれてくるお子さんが吃音になるかどうか、不安ではないですか。

保坂　ありますね。でも、もう、そうなっちゃったらしょうがないというのがあるんですけど……ありますよね、やっぱり。遺伝ではないけれど、性質はあるかもしれないですね。考えますよね、すごく。

――私には子どもがふたりいますが、子どもの名前だけは、私がつまることなくスラスラ言える、サ行の名前を考えだしました。子どもの名前を呼ぶときにつまったら困りますしね（笑）。

保坂　（笑）。

――私にとっては名前をつけることは大事だけれど、そこに吃音がからんでくると、なぜ、くだらないことでこんなに悩んでしまうのかなと思いました。

保坂　自分の人生の選択すら、吃音が基準になることもありますね。学生のときに理系を取るか、文系を取るかというのも、やりたいほうではなくて理系に進んだほうが人としゃべらなくていいからとか、重要な選択もそのように考えがちでしたね。

――でも、どちらを選んでもなにを選んでも、しゃべらざるをえないんですけどね。

保坂　吃音だから、しゃべらない職業が向いているとはかぎりませんしね。人生の重要な決断すら、吃音がからんでいたかと考えると、なんという選択の仕方をしたんだろうと思いますね（笑）。大人になると私がしゃべれないということは、ほかの人にとってはほんのささいなことなんだという考えかたに切りかわりましたね。そうなるととても楽になりました。そのことに気づくまでは、被害者意識は高かったですね。

——自分の気持ちを説明するとき、話すより文章で書きますか。

保坂　そうですね、しゃべることは疲れますし、ことばにすると本当じゃない気がするんですけれど、文章になると結構、正直に本当のことが書けて好きですね。

——最後にメッセージをお願いできますか。

保坂　ある特定の状況の場合だけどもらないという人はいますし、話さなきゃいけないというときに声がでないという人もいます。

人によっては、どもってでも話したいという思いが強くて、どもりながらでも「うわぁー」と話す人もいるし、どもることが恥ずかしいから話すのをやめようという人もいます。吃音のある人が話すとき、いろいろな気持ちがあることを知ってほしいですね。

その後の保坂さん

保坂さんは、２０１５年６月に無事に男の子をご出産されました。おめでとうございます。鹿児島のお母さんが東京へ遊びに来たとき、この取材の生原稿を見せて、初めてお母さんと吃音のことをきいてみようと話されていた保坂さんから、後日、その報告メールをいただきました。

保坂さんからのメール

今まで、あまりにも母と吃音の話をする機会がなかったせいか、母の吃音についての意識と私の意識に大きな差があるということがわかりました。たとえば軽く原稿の感想を聞くと、「そんなに気にしなくてもいいのに……」とか、「あなたのよいところは頑張り屋さんのところだ（なぜか吃音とはあまり関係ないほうに話がとびがち）」とか。私としては、少しモヤモヤするものでしたが、感想に影響すると思ったのであまり反論はせず、聞き役に徹しました。とはいえ、大きなきっかけでした。私も子どもが生まれて母の立場もわかるところもあり、いろいろ考えさせられました。

そして、後日、鹿児島に帰ったお母さんから保坂さんに素敵な感想が送られてきました。

お母さんから保坂さんへのエール

「うさぎはかわいい。けれど言葉がしゃべれない。残念だとおもう。うさぎに言葉を教えたい。だけどうさぎの言葉がわからない」……この詩は娘にどもりがではじめた小学生のときの詩です。

今も印象深く私の記憶に残っています。育てかたに思い当たる節《ふし》があるとすれば、せっかちな母親。核家族、専業主婦、第一子として生まれ、育児書片手にあわよくば英才教育をと、早くから英語を教えたりと。急いでごめんね。ゆったりとした母親の元で育ったらどうだったのでしょう。

故郷を離れてテンポの速い東京弁にも順応して、本人の努力はいかばかりか。吃音とすさまじく葛藤する『英国王のスピーチ』をテレビで観て、たかが吃音、されど吃音、あっさりと見すごせない映画でした。娘のどもりから30年あまり。仲間とふれあいながら苦難を乗り越えようとする、おだやかな笑顔。芯の強い娘にエールを送りたい。

5

吃音のある成人女性の生きかた・考えかた

保坂　敏子（ほさか　としこ）30代（仕事　会社員）
甲斐　弥生（かい　やよい）30代（仕事　会社員）

- 取材日　2015年3月21日
- 東京都在住（青森県出身）
- 趣味　読書・日常の不便を工夫して解消すること
- 好きな歌　すばらしい日々（ユニコーン）
- 好きなミュージシャン　奥田民生
- 好きな著名人　松尾スズキ

甲斐さんは、保坂さんの友人です（廣瀬カウンセリング教室で知りあう）。保坂さんより吃音のことで甲斐さんのほうがいろいろ悩んだはずだということで、ご紹介してもらい3人で会うことになりました。

保坂さんと甲斐さんの出会い

――今日は保坂さんに、ご紹介していただいた甲斐さんと3人で吃音の話ができればと思います。吃音の話をするのにどうして甲斐さんと思われたんですか。

保坂　先日、私が吃音の取材を受けたんですが、私の人生経験は浅いと思ったし、吃音について深いところまで考えているのは、私が知っている人のなかでは甲斐さんと思ったからです。もちろん、私自身が甲斐さんの話を聞きたいというのもあります。

――保坂さんと甲斐さんの出会いはいつごろですか。

保坂　5年前（2010年）に廣瀬カウンセリング教室（※9）で会ったのが最初ですね。

甲斐　私は教室に通って10年以上経ちます。教室ではみんながカウンセラーとクライアントの役割をするんですね。役割を互いに交換することもあり、保坂さんと2人で話したこともあります。

――保坂さんの、甲斐さんの第一印象はどんな感じでしたか。

保坂　同じ吃音の人に会ったのが初めてだったんですね。教室で甲斐さんが対応してくれたんですが、「あっ、私と同じようにどもっている人がいる、しかも女の人だ！」と思って、やっぱり衝撃でしたよね。今まで吃音の話をしたことがなかったんで、一所懸命に聞いてもらってすごく安心しました。私のなかで甲斐さんのイメージは、5年前に比べてずいぶんと変わりました。

甲斐　そうですか。

保坂　はい、話すと安心します。

甲斐　そう言ってもらえると、すごくうれしいです。

――どのように、安心するんですか。

保坂　なにを話しても受けとめてくれるだろうなという安心感がありますし、いろいろ経験されているから、不安な気持ちをわかってくれているという感じがします。

甲斐　なんかほめられてますね（笑）。ちょっと恥ずかしいです。

――甲斐さんの、保坂さんの第一印象はどんな感じでしたか。

甲斐　はじめて会ったときからそんなに吃音を抱えているような感じじゃなかったんですね。こんなに普通に話せているのになんで教室に来たんだろうなというのが正直な気持ちでした。私は小学生のときからことばがつっかえる症状がひどかったので、それに比べたら全然じゃないかというのが、保坂さんへの第一印象ですね。

保坂　すみません（笑）。

甲斐　教室に通って保坂さんのような吃音の軽い症状の方々と会っていくうちに、見た目は特につっかえてなくても、本人がつらいと思うことがあることに気づきました。それからは、「そんなにつっかえてないのになんで悩んでいるの？」とは思わなくなりました。

――保坂さんが教室に通うきっかけはなんですか。

保坂　吃音でどうしようもなくて、ひとりで抱えきれなくなったから、ネットで相談できるところを探して教室をみつけました。

甲斐　吃音のある女性に特に多いと思うんですが、ことばを言いかえたほうがスムーズに言えるというのがなんとなく自分のなかでつくれている人は、会話のなかでいっぱい言いかえをつかって、表面的にはとてもスムーズに言えていると思うんです。

はたから見ると普通に言えていると思っていても、本人の内側ではことばがつっかえるから、言いかえなどをこうしよう、ああしようというのが「ワァー！」っと、いろんなことがおしよせているのが、吃音の重い軽い関係なくいっしょなんだろうなというのに気づきました。

甲斐さんの就職と吃音

――保坂さんが女性のほうが吃音をごまかすのがうまいと言われたことと通じる意見ですね。甲斐さんの出身はどちらですか。

甲斐　青森です。小・中・高までは青森で、就職は東京でしました。

――吃音はどのような感じですか。

甲斐　小・中・高とずっときつかったんですが、そのときはとにかく逃げよう、逃げようとばかり考えていましたね。ドンドンと机をたたきながら、話そうとしていました。

――随伴運動（手や足などを動かして勢いをつける）ですね。

甲斐　そうです。就職してからがきつくて、でも、いろいろなことに逃げられないじゃないですか。電話がかかってきたら新入社員は出なきゃいけないし、「私はことばがつっかえるからすごくつらいんです」と同僚に相談して、「そうなんだあ」と言ってはくれますが、その人がいつも私の代わりに電話を取ってくれるかというとそうではないですよね。

そのとき、吃音から逃げよう、逃げようとしていたけれど、逃げられないんだなと思って（笑）、だったら、ちょっと向きあってみようかなと思いました。

初めは「吃音を矯正します」と謳《うた》っている矯正所に入りましたが、今から考えるとうさんくさいところだったんですね（笑）。数十万円を支払って1年くらい通ったんですが、逆につらくなってしまいました。吃音の症状はよくならないし、ことばがつっかえた昔のいやな記憶がどんどん頭のなかにうかんできて、ちょっと死にそうになっちゃったんですよ。そこをやめてからは、今度は慎重にネットでいいところを探そうと思って、廣瀬カウンセリング教室のホームページをみつけました。

――就職をしたとき、どのような場合が一番きつかったですか。

甲斐　私の最初の就職先はショッピングセンターのなかにある大きなスーパーの事務所でした。一般のお客様から電話がかかってくるんですね。

私がものすごくつっかえる日があって、電話の向こうのお客様から「ふざけてるんですか！」とすごくキレた感じで言われてしまったんです。私は「ふざけていません。ものすごく一所懸命に言っているつもりです」と言いたいんだけれど、そのことば自体もつっかえてしまうので、「すみません、すみません」と必死で言ったんですが、ガンッ！　と受話器を切られてしまいました。

数分後にまたそのお客様から電話があったんですが、そのときはほかの事務員の方が取ってくださいました。「ふざけてないんです、一所懸命なんです」と言ってもお客様にしてみたら、ふざけているとしか受けとめてもらえなくて、すごくつらかったですね。

――吃音のある人にとって、顔が見えれば伝える方法はいろいろあるのですが、顔が互いに見えない電話では、必ずと言っていいほど、いろいろなことが起こりますね。

保坂　電話は面と向かうよりも、きついことを言われやすいかもしれないですね。

――慎重に職業を選んだとしても必ずことばはつきまといますしね。

私、言えてる！

――甲斐さんが廣瀬カウンセリング教室に通うことによって、きついなあという気持ちも変わってきたわけですか。

甲斐　そのときの経験がつらかったので、スーパーの事務の仕事は数年後に辞めました。電話をできるだけ取らない仕事をしようと思って、それからはパソコンに入力をすることが中心の仕事をずっとしています。でもここ数年ですが、昔に比べたらスムーズに言えるようになってきたから、そろそろ電話が鳴ったらサッと受話器を取れそうな気持ちにはなってきています（笑）。

保坂　甲斐さんは、ここ数年で話しかたがとてもスムーズになりましたよね。私が初めてお会いした5年前は、話すのにとても時間がかかっていましたよね。

――表情が変わったのかなあ。

保坂　そうです。表情が変わったんですよ！　なんかこう観音様みたいに（笑）。

甲斐　あらまあ（笑）。

――あらまあ（笑）ですね。

保坂　急にじゃないですよね、徐々に甲斐さんの表情がやわらかくなった気がします。今は入力をする仕事をされていますが、たぶん、人とかかわる仕事をされたほうが向いていると思いますね。

――甲斐さんの場合は仕事で会話を重ねるなかで、吃音が改善されたのかなと勝手に考えていてましたが、そうではなくて意外でした。

甲斐　物理的なことでいうと、今まで言えないと思っていたことばがスムーズに言えることがあって、「私、言えてる！」と気づくことがちょっとずつ増えていったんです。そうしたら、「私は言えるんだ！」という気持ちになってきて、全然不安じゃなくなってきたんです。もちろんそれでもつっかえるときはあるのですが、「でも言えるから、平気だよ」という気持ちになったんですよね。

――どうして、ここ数年でスムーズに言えることが増えたんでしょうね。教室のおかげですか。たぶん読者もそこは知りたいと思います。

甲斐　吃音で悩んでいる人って、自分がつっかえたところばかりを注目しているのではと、教室で話しあったことがあります。初めに本読みをするんですけど、1年以上教室に来ているAさんが本読みをしたときに、ずっと見ていた修了生の人が「久しぶりに教室に来たんですが、Aさんは、ずいぶんとスムーズに言えるようになっていますね」と言ったんです。それまでスムーズに言えている実感をもっていなかったAさんは「えっ？」という感じでした。Aさん自身はつっかえているほうにばかり集中していて、スムーズに言えているほうに気持ちがいってなかったんでしょうね。

保坂　そのように言ってくれる人がいないと本人は吃音が改善していることが、わからないままなんでしょうね。

甲斐　私も同じようなことがありました。いくら一所懸命にやってもどうしてもつっかえる部分があると思って、今日もつっかえましたと言ったら「でもほかの部分はものすごくスムーズだったね」と言われて、そのとき初めて、ほかの部分がうまく言えてることに気づいて、いいところに注目すればいいんだと実感しました。

踏みとどまる話

――甲斐さんが死にたいなと思ったときに、どうして踏みとどまることができたか教えてもらいたいのですが。

甲斐　一番、死にたいなと思ったときは、24歳ぐらいのときですね。

――スーパーの事務所で電話を取るのに苦労していたころですね。

保坂　仕事のあと、矯正所に通うために地下鉄を使っていたんですね。

――数十万円もするダメな矯正所ですね（笑）。もったいないことしたなあ。

甲斐　はい、そうです（笑）。地下鉄のホームに立って電車が近づく「ゴォーッ！」という反響する音を、ボーッと聞いていたら、ふと、気づくとホームの端《はし》まで進んでいて、電車にひきこまれそうな自分がいたんです。そこで初めてこのままだと自殺してしまうなあと思ったんです。でもどうしてそこで死ななかったかというと、このまま死んだら吃音に振りまわされたまま死ぬんだというのが、くやしかったんですよ。自分の人生というか、自分がしたいこととかを、なにひとつもしないで死ぬのはあまりにもくやしいし、このままじゃ、いやだって思ったんです。

死ぬんじゃなくて、とことん突きつめて吃音と向きあおうと決めました。でもしばらくは衝動的に死んじゃうんじゃないかとこわくて、地下鉄のホームにある大きな柱にしがみついていた時期がありましたね。人に不審に思われないように、柱にしがみつくのが大変でした（笑）。

――矯正所の方針はどのようなものだったんですか

甲斐　そこの矯正所の方針は、吃音によって経験したつらかった記憶を全部掘り起こしてみるというものでした。それをひとつひとつ小、中、高校とやっていったら、どんどんつらい気持ちでいっぱいになって、つぶされそうになったんです。

保坂　吃音者が準備できないうちに、その作業をすすめるのは危険ですね。

甲斐　私は小、中、高校と自分の吃音に気づかない、見ないフリをしていたんです。つっかえたことを気にしない、気にしないという感じで、吃音の記憶を封印してきたんです。それを一気に「ガーッ！」と封印を解いてしまったので、昔のつらかった気持ちの一個一個全部が、自分のなかにきちゃってつぶされそうになりました。

――仕事場でもつらい時期ですものね。

甲斐　そうです。あれは本当にきつかったです。

保坂　それは危険ですね。ちょっとずつならわかるんですが、いっきにやるのは当人にとって不安定になりますね。

ほっといてくださいオーラ

――吃音に気づかない、見ないフリをしていた小、中、高校のころ、友だちに「私は吃音です」と言ったことは。

甲斐　ないですね。いっさい、ないですね。

――就職するときは、どうされたんですか。

甲斐　高校の先生とも相談して、吃音のことを伝えておいたほうがよいと言われたので、面接のときに正直にどうしてもことばがつっかえる場合があると言いましたね。

――でも、詳しくはわからないですよね。

甲斐　わからないですね（苦笑）。

――いつ、どんなときに、どのように、ことばがつまるかというのを説明するのも難しいし、想像するのも難しいですよね。入社してから、スーパーの事務の同僚には吃音のことを言えましたか。

甲斐　言えなかったけれど、私に会えば一発で「この子はことばがつまるんだな」とわかってしまうので、私からは言わなくてもいいや（笑）、と思っていました。「わかってるよね」みたいな……私は吃音を気にしていて、そのことにふれられるのが嫌だから、いっさいそのことについて言わないでね、という雰囲気を自分から発していたんですよね。だから、周囲の人は私に対して、「ちょっとことばがつっかえるよね」と言ってきた人は、いなかったですね。

――ふれてほしくないオーラをいっぱい出していたんですね。

甲斐　はい、いっぱい出していました（笑）。つっかえているのは自分が一番知っています、だから、ほっといてくださいオーラですね（笑）。

――言いかたをかえれば、同情はしなくていいですよということですね。

甲斐　そのころはひねくれていたんで、どうせ吃音のことを知らない人に言ったところで、励まされて終了！　なんだろうなというのがあって（苦笑）、へたに励まされてもつらくなるだけだから、いいやと思いました。

保坂　こちらが相手に希望する配慮というのもわからなくて、どうしてほしいかというのも、わからないんですよね。過剰に気をつかわれるのもいやだし、だからわりと本当にゆるやかな放置みたいなのが理想だったりするんですよね。でも、難しいですよね。相手だって吃音のことを言われたところで、どう対応していいか困っちゃうんでしょうね（笑）。

［＊このあたりの（笑）は、笑うしかない少しつらい（苦笑）に近い（笑）が、多いです。］

「私には吃音があります」

甲斐　今だったら、ちゃんと職場の人に言っておけばよかったなと思うんですけれど、そのときは言いたくなかったんですよね。

保坂　そう、その気持ちわかります。

――そうなんですよね。うまく言えませんが、あるときはひねくれざるをえないんですよね。吃音の悩みで真っ最中の人には、どのようにこの気持ちを伝えればと考えましたが、「ひねくれてもいいいんだよ、いつか変わるから」ということですかね（笑）。

保坂　（笑）。

甲斐　（笑）。

保坂　入社するとき、「私には吃音があります」と吃音をオープンにする場合がありますよね。それはそれでひょっとしたらつらいときもあると思うんです。私は吃音のことを隠しておきたくて、誰にも打ちあけずに入社をして困ったタイプなんですが、吃音のことを伝えておいて入社していたら心が軽くなったのかと問われたら、逆につらくなってくる可能性もあるんじゃないかと考えてしまいますね。

甲斐 はい、思います。女性のほうが表面的にはあまりことばがつまらないという印象の人が多いですね。

——女性の吃音者のほうが、男性より吃音を隠したり、ごまかしたりするのがうまいと思いますか。

——でも葛藤はありますよね。

甲斐 葛藤はとてもあると思います。

保坂 はい、思っている以上に女性の吃音者は多いと思います。一緒に仕事をしている人でもいるのかなあと思うんですが、お互いにわからない場合もあります。

——失礼な言いかたになりますが、女性のなかに「隠れ吃音」の方が多いかもということですね。

甲斐 あと早口だと言えちゃうことってありますよね。吃音を早口で出さないようにするというか、きりぬけている人もいるんだろうなと思います。

保坂 逆にゆっくりしゃべる方もいらっしゃいますよね。女性だとおっとりしているイメージになって、そんなに不自然に聞こえないんですよね。

吃音のある人たちと会ってみる

甲斐 私の場合は、同じ吃音の人たちがいる集まりのなかに入って、それから自分の吃音に向きあうようになって、すごく気持ちが楽になりました。吃音があっても、ある程度はごまかせるからこのままで一生やっていこうと思っている人もいますが、「でも、ちょっと向きあってみない？　それも悪くはないよ」と言いたいですね。

もちろん、無理矢理、向きあうとつらくなって逃げたくなる人もいると思うので、注意は必要ですね。

――子どものころに同じ吃音者に会ったことはありますか。

甲斐 小、中、高校と会ったことがなかったんですね。

――ことばの教室にも通わなかったんですか。

甲斐 私の両親は放任主義だったので、自分自身で吃音のことを考えるしかなかったですね。吃音はいやだったから、見ないフリというか、気にしないフリをしてきました。

――そうするとご両親には、吃音のことを相談したことは。

甲斐 ありません。両親は私がそこまで吃音のことで悩んでいることに気づいてなかったと思います。

保坂 私も両親に吃音のことを相談をしたことがありませんね。

甲斐 ほかの吃音のある方と会ってみることは、すごく大切だと思います。保坂さんはどう思いますか。

保坂 はい、たとえばですが、以前の私ならこのような喫茶店で大きな声で吃音の話をするなんて考えられません（笑）。まわりの人にもハッキリと聞こえてますからね。こんなに話せるようになったのも、自分で吃音のことをある程度解決しているからだと思っています。たぶん吃音を隠し続けている人は、その辺で聞いているとしたら、こんなところで話しているなんて信じられないと思うでしょうね（笑）。

甲斐 たしかに（笑）。それも笑いながらですしね。

保坂 いままで吃音を隠していた人がいれば、誰でもいいのでちょっとオープンにしてみるとか。でも、傷つくときもありますね。私は吃音を打ちあけたらちょっとバカにされたこともありますね。

甲斐 吃音を打ちあける相手は、慎重にしたほうがいいかもしれませんね（笑）。吃音を気にしなくていいよ、ハッハッハッ（笑）とかいう人に打ちあけると、逆に傷ついちゃうかもしれないので、慎重にですね。

保坂　以前、つきあっていた人に吃音のことを言ったら、「お前の弱みをにぎったぞ！」みたいなことを言われました（笑）。言わなきゃよかったと思って。

甲斐　そうなんですか。

――それを聞いた瞬間、さめちゃいますね。

保坂　上に立ちたかったのかなあ、そんな上下関係でなかったんですけどね（笑）。でもこういうふうに吃音の話がこういうところでできるというのは、幸せですよね。

明るい人たちのなかのひとり

甲斐　初めて教室に行ったとき、吃音のある人がこんなにいるんだというのが衝撃ですごくびっくりしました。

――何名ぐらいですか。

甲斐　20名ぐらいです。それまで吃音のある人に会ったことがなかったので、孤独感があったんですけど、吃音のある人がほかにもいるんだと思ったときに、少し視点が変化したというか、吃音がそんなに特別なモノでないと思いました。自分以外の吃音のある人に会ってみて、その人たちのことを見てもらいたいとすごく思いますね。そのことで、客観的に自分の吃音を見ることができます。

初めて教室に行ったあとに、不思議な感覚になったことを覚えています。教室で吃音の人たちといっぱい話をしたあと、ひとりで山の手線に乗っていると、電車に乗っているまわりの普通の人たち全員が吃音のような、全員がことばがつっかえてしゃべっているように聞こえたんです。そのときまで、吃音というものはあってはいけないとモノと思っていたけれど、初めて普通に存在するモノとしてみることができたんだと思います。

保坂　私も初めて教室に行ったとき、勝手な想像ですが、私以外に吃音の人は世のなかにいると思うけれど、たぶん不幸な生活をしているのかなと思っていたんです。

甲斐　たしかに（甲斐さんの口癖です！）。

保坂　でも実際に行ってみたら、いろんな人がいて吃音がありながらも、ごくごく普通に働いている人が多かったので、とても安心しました。私が想像していた暗い感じではなくて、みんな明るいし。

甲斐　たしかに（笑）、私もそう思いました。沈んだ雰囲気でもないし、よくしゃべるし（笑）。みんなから、どんどん話しかけられましたね。

保坂　私はひとりだけ特殊な人間だと思っていたけれど、私もこの普通で、明るい人たちのなかのひとりなんだと思えるようになりました。

甲斐　私は、教室のみんなに出会えてよかったと思っています。

車窓からの夕陽に出会える日常

取材が終わってから、地下鉄のホームの柱にしがみついたあとのことを教えていただきました。

甲斐　スーパーの事務の仕事もうまくいかなくて、吃音の矯正所に通っているとき、帰りはいつも地下鉄に乗るんですね。出入り口のドアのところで、ボーッと立っていたら、電車が少しの間だけ地上に出るんです。

そのとき、とてもキレイな夕陽が見えたんですね。私が死んでも、こんなことに出会える素敵な日常はずっと続くんだと思うと、なんだかとてもくやしい気持ちになったんです。

だから、死にたくないなあ、生きようと決めました。

6

神社の禰宜《ねぎ》は祝詞《のりと》をあげますが、「おめでとうございます」が言えません

高森　一郎（たかもり　いちろう）41歳（仕事　神社の禰宜）

●取材日　2015年4月28日
●神奈川県在住
●趣味　ドライブ
●好きな歌　さくら（森山直太朗）
●好きなミュージシャン　ドリームズ・カム・トゥルー
●好きな著名人　イチロー

高森さんは「禰宜《ねぎ》」という立場で、「宮司《ぐうじ》」である父親と神奈川県で神社の神主の仕事をしています。神主の仕事は基本的に話す職業です。吃音がありながら、神主の仕事をする際の、不便さというかやりにくさはあるのか知りたくて神社近くの喫茶店でお会いしました。

高森さんは見た目はとても明るく、「ワッ、ハッ、ハッ」という大きな笑い声が印象的で、声が野太《のぶと》いかたです。話のあと、禰宜の白衣袴姿に変身した高森さんに神社を案内していただきました。その姿から禰宜の仕事をしている「誇り」と、続ける「覚悟」を感じました。

小学・中学・高校時代

——高森さんは神社で生まれて、ずっと地元ですか。

高森　そうです、引っ越しはしたことないです。

——ご家族の構成は。

高森　両親と妹がいて、私だけが吃音があります。

——連発、伸発、難発、高森さんの吃音の症状としては。

高森　日によっても違うし、まあ、それぞれ入《はい》ってますね。

——いつごろ、自分の吃音に気づきましたか。

高森　自分が気づいたというよりも、小学生のときにからかわれて、よく泣かされていたんですね（笑）。それが吃音の記憶のスタートですね。親や先生と吃音について話した記憶はありませんが、高校進学をひかえた中学生のとき、母といっしょに担任の先生にどもりの話を相談しに行ったことがありましたね。

——ご自身から、ご両親に吃音のことを相談することはなかったんですか。

高森　結構ひどいときもあったので、両親から、しょっちゅう、ゆっくりしゃべりなさいとか言われていましたよ。吃音のことで、ずうっと悩んできてますけど、根本的にどもりというのが病気だという認識がないので病院に行くこともないと思っていました。年齢を重ねていけば克服できると思っていたし、自分で朗読とかスムーズに読む練習はしていたので、ことばの教室にも通いませんでした。いつかなおるんだろうなと思っていたんでしょうね。

血縁関係はないですが、私の父の姉の旦那さんが吃音だったので、私の両親も吃音の知識はあったと思います。その方は私より30歳以上年長で、今でも私の吃音のことを心配してくれていますし、子どものころに小学校に通いながら聾学校にも通って、話す練習をして吃音を克服したと聞いたことがあります。

高森　特定の人間だけで、そうでない友人もいたので普通に小学校に通いました。でも私は学校が嫌いでしたね。

――小学校のとき、いじめやからかいにあいましたか。

高森　通いたくなかったのは幼稚園からですね。吃音のせいかどうかはわかりませんが、行きたくない、行きたくないが続きましたね。小学校5年生のときに1か月ほど不登校の時期もありましたね。病院に行ったら低血圧と診断されて、朝も起きれずに「今日は学校に行けないから」と言っていました。

――小学校からですか。

高森　そうですね。担任が理解のある先生だったので、その後はなんとか小学校に行って、中学校は普通に通えるようになりました。

――ご両親もそれでいいという感じですか。

高森　2つの小学校からの子どもたちが集まる中学校だったので、知りあう新しい友だちも増えたからだと思います。でも吃音はごまかして、隠しながら友だちと接していましたね（笑）。

――どうして、通えるようになったんでしょうね。

高森　変わらなかったですね。

――中学校までは、吃音の症状はそれほど、変わらなかったのですか。

高森　そうですね。少しは余裕ができましたけど、どもり具合は基本的にそんなに変わっていない感じですね。

――高校もですか。

――今の高森さんのこの話しかたが、ずっと続いていると思えばいいですか。

高森　小さいころのほうがもっとどもっていたし、やはりしゃべることに対する「こわさ」も強かったですね。年を重ねたことで出会う人も年下のほうが増えてくるじゃないですか。そうするとなあなあでしゃべれるんですよね（笑）。自分の吃音が変わってきたという実感はあります。

大学を卒業するまで女性と話したことがない

――集団のなかではどんなキャラクターなんですか。

高森　親しいグループなら、自分の要求を通すタイプですね。たとえば仲間で食事にいくとき、A君が自分の気に入らない店の名前をあげたら、「いや、そこはなあ、ちょっとなあ」と言って自分の行きたいところへ行こうとしますね。柔軟さに欠ける性格でした（笑）。

――それはある意味、リーダーシップがある性格ですよね。

高森　考えようですよね。30歳ごろになって人と柔軟に接することができるのが、人としての器かなと思うようになりました。

――小学校から大学までの学生時代に、吃音をカミングアウトしたことはありますか。

高森　したかったですけど、その勇気がなかったですね。自分のことを全部知ってくれたら、どんなに楽だろうと思ったことがあります。

　中学校に入ったとき、自信をつけるために、人に勝てるものが欲しくて身体を鍛える器械を買いました。そのころ、同級生と腕相撲とかの力勝負をすると負けなかったですね。「高森は力勝負では一番だ！」という位置づけがクラスや中学校でできるじゃないですか。そういうキャラクターを自分で作りあげたんですね。それが人と接するとき、自信をつける糧《かて》になりました。

――そうすると、いじめられることはなくなりますね。

高森　そうですね。1度もないですね。高校に入っても身体は鍛えて、実は今でも鍛え続けています。社会人になって空手の道場に行ったりもしました。でも、本当の自信は身体を鍛えあげることではないということが、自分自身でもわかっているんですけどね。

――大学のときもクラブとかサークルには入っていないんですか。

高森　入っていないですね。しゃべりたくなかったんです。好きなことがあっても、自己紹介もしたくないくらい弱かったですね。

――自己紹介もしたくないくらいの話したくないという気持ちは……。

高森　小、中、高、大学とずっとそうです。実は、私は大学を卒業するまで女性と話せなかったです。

――ということは、「無口なマッチョ」を演じ続けたわけですか。

高森　そうです。中学から硬派な男です。不良ではないですが、ひとりツッパリですね（笑）。

身体を鍛えて自信をつけたつもりできたけれど、これは表面的な自信だなと自覚をしていたので、内面的な自信をつけたいとずっと葛藤していました。

――女性と話したことがないなんて、もったいないですね。

高森　そうですね（笑）。女性の前では、どもる格好悪い自分の姿を見せたくなかったんでしょうね。

しゃべる楽しさ

高森　大学を卒業して実家の神社を継ぐため、修行のために2年間就職をした神社で巫女《みこ》さんたちと話して楽しかったことはよく覚えています。しゃべることが楽しいというか、素直に話せる喜びを感じましたね。

言友会に入る前の34歳のころ、ネットで吃音者と知りあったことがあります。飲み屋で男性5人で会ったんですが、楽しくてしょうがなくて、それまでの人生で一番楽しかったですね。初めてみんなで大笑いしたし、どもってもいいという自分をさらけ出せる喜びを感じました。そこで人生観もガラリと変わりましたね。みんなでスピーチの練習をしようと言って飲み屋とか公園でやったこともあります。いいメンバーなんで緊張もしないから、人前でしゃべる練習をしたかったんでしょうね。でも、メンバー全員が仕事もあり、なかなか集まりにくくなったので、言友会に行ってみようと思ったわけです。

言友会は、話す練習をする場所として行こうと思ったのがきっかけですが、初めて行った日は、50代、60代の人がほとんどでしたね。「あーっ！　すごいところに来ちゃったな（笑）」と思って、それから1年間行けなかったですね。1年後にもういちど話す練習をしようと思って、きちんと入会しました。39歳のときですね。ちょうどそのころは、格好をつけるのも面倒くさくなったし、素《す》の自分でいたいと思っていました。言友会では、すうーっと力が抜けて話せたし、コミュニケーションが大事なことにも気づき、人あたりがよくなったと言われるようになりました。

――巫女さんと出会い、しゃべる楽しさを知り、34歳のときにネットで知りあった仲間との会話で自分をさらけ出せる喜びを感じて、39歳で言友会に入ったということですね。

高森　そうですね。仕事がら話すことが多いですが、大きな行事に行くときは宮司の父が主にしゃべり、禰宜の私がしゃべることは少なかったですね。でも、将来自分が中心になって神社の仕事をしなければとわかってきて、話す練習をして自信をつけたかったんですね。大きな仕事は父と2人で行きますが、日ごろの小さな仕事は基本的に自分がしています。七五三や初宮参りとかですね。

――神社の仕事では、吃音は関係ありませんか。

高森　歌と同じだから、祝詞はどもりませんね。ただそれが終わってちょっとコミュニケーションをとりたい場合、つまり、自分なりに世間話をしたいなと思うんですね。祝詞が終わったあと、神社の宮司や禰宜がしゃべるのを期待している方も多いですからね。

――宮司や禰宜の人柄がわかれば、またなにかのおりに神社に来たいと思いますよね。

高森　そうです。自分をアピールするためにも、しゃべりたいと思うんですよね。でも、それがなかなかできなかったですね。本当に最近になってやっと少し余裕ができて、しゃべれるようになりました。体調もあると思うんですが、今でも、日によってああしゃべれないなということもありますね。

地鎮祭《じちんさい》の話

高森　地鎮祭はひとりで行きたくない式典でした。なぜかというと式典自体はできるんですけれど、最後に「神酒《しんしゅ》拝戴《はいたい》」といってお酒をふるまって乾杯をするんです。大きな業者さんなら、業者さんが乾杯の発声をするんですが、多くの場合は「神主さんのほうで乾杯の発声をしてください」と言われます。乾杯の発声は普通「おめでとうございます」なんです。私は、「おめでとうございます」は全然出せないし、「乾杯」もなかなか出せないことばなんです。少し前まではひとりで地鎮祭に行った場合、全然しゃべれなくてグダグダになってしまい、すごく傷つき、凹《へこ》んで帰ってきていました。

なのでしばらくは父親につきあってもらい2人で地鎮祭に行って、父に乾杯の発声をしてもらいました。最近は少し余裕をもてるようになったので、ようやくひとりで行けるようになりました。

――地鎮祭がいやだったんですね。

高森　地鎮祭のときに、大《だい》の大人が父親を連れてくるのは格好悪いと思います。

――本人しかそういうザワザワした気持ちはわからなくて、地鎮祭を頼んだほうは2人も神主が来てくれてサービスがいいなあと思うぐらいですよね。

高森　地鎮祭の予約が入ったときから、地鎮祭当日は行く前から、行っても祝詞をあげている最中から、ずうっと「おめでとうございます」ということばが頭から離れませんでしたね。それがしんどいなあと思いました。そのころは　七五三も初宮参りも「おめでとうございます」が言えなくて、「今日の仕事は、初宮参りかあ、七五三かあ」と思ったりしました。

――禰宜として「おめでとうございます」と言わなくてすむような仕事はあるんですか。

高森　交通安全とか厄除けはそのことばは必要ないし、「ご苦労様でした」は言えました。

――無口でいられるような職業ではありませんね。

高森　そうはいきませんよね。無口でとおしたら不愛想な神主と思われてしまうので、今は少しでもコミュニケーションをとろうと思っています。どんな職業もそうですが、父から子へ仕事を継承するような職業は、個性やキャラクターを出して、それをいかにかってもらえるかどうかが、大きいと思っています。

このごろは「おめでとうございます」ということばを使わずに「乾杯」という表現でとおしてしまえばいいやと思っています。いかに人に喜んでもらえるかを考えて人と接していますね。

吃音で悩むこと

――今は、吃音で深く悩むことはないですか。

高森　いや、ありますよ。とても悩んでいますよ。けれど、それ以上に人生を楽しもうという気持ちのほうが大きくなりました。どんな仕事もそうですが、実際に人と接する仕事の場合、いい仕事をすると喜びを感じるじゃないですか。今はそれが増えて充実していますね。社会人1年生だとそうはうまくいかないと思います。仕事だって入社したてのころは余裕がないだろうし。

――まわりに理解がある方がいるかどうかも大事ですね。

高森　吃音の症状が重い方は、大変だろうと思います。わたしは言友会に入って数年たつので親しくさせていただいていますが、入会したころは、立ちあがってみんなの前でしゃべることができなかったですね。最近は、みなさんがうなずいてくれたり、少し笑ってくれたりする反応を見ながらしゃべる自分が、すごく楽しいなと思うようになりました。根《ね》はしゃべりたいんですよね。吃音が嫌だなあと感じるよりも、その場を楽しめる自分に変えたいなあという思いが強いです。

だから、日々の仕事（講話）に向けて、自分のことをわかってくれている言友会の仲間の前で話す練習をしています。

――言友会では、ことばがいっぱいつまっていても大丈夫ですしね。

高森　そうです。気持ちいいんですよね。

――さきほど言われた、今でも悩むというのは、どのようなときですか。

高森　仕事関係が一番大きいです。私が結婚しないのは、結局はどもりだからです。

――子どものことが心配だからですか。

高森　いいえ、自分自身が自信がなかったんで……理想が高いんです。

――自分への理想ですか。

高森　そうです。自分への理想が高いんです。自分がここまで行かなきゃいけないんだと思っているものが、ずっとあって……自分はそこまで達していないと思っているので、今でも結婚ができないんです。仕事面でも、

「乾杯」や「ありがとう」ということばが自己流でもいいから、きちんとこなせて、自分の満足ができる仕事ができなきゃいけないと思うわけです。ただ、それも考えかたが変わってきて、自分の理想に達することができる人は逆に少ないのかもしれないと思ったりもしています。

人と接する喜び

高森　私は学生のころ将来の仕事は、どもるから、人との会話が少なそうな工場づとめで、モノと接するのがいいのかなと思っていました。でも、人と接することで喜びを感じることができたので、そういういい点のはなしを、若い人にしてあげたいですね。

――若いころは、父親の職業を継ぐつもりはなかったんですか。

高森　はい、ずっと、継がない！　と思っていました。

――でも、大学に進学するときは、神道が学べるところを選んだ理由は。

高森　卒業後はほかの仕事もしてもいいから、神社の仕事ができる資格を取っておいたほうがという話もあり、大学に行って資格だけを取りました。

人と接することによって少し変わったのは、なんとかなるだろうというか、自分が楽しんじゃえばいいやというぐらいの感じが、仕事に限らず増えましたね。

――家にいてなにもやらないのは楽なんだけど、ひきこもっていたらなにも起きないし、面白くないですよね。もちろん、外に出るといやな思いはいっぱいするんだけれど。

高森　そうですね。

――現在、おはなし（講話）を受けた人たちからは、高森さんはなんて言われていますか。

高森　私の評判ですね。「暗い」とは言われないですね。

——いい声してますしね。

高森　はい、それは言っていただけますね（笑）。昔は黙っていると、とっつきにくいほうだと言われましたけど、基本は明るいです。

——顔も凛々《りり》しいですよ。

高森　まあ、濃いほうなんで（笑）。よく笑う人だねと言われますね。基本的にサービス精神をもっているほうなんで、接する人を楽しませてあげよう、笑わせてあげようと考えます。女性の場合はなおさらそうですね（笑）。

くだらない心配

私は高森さんから、「おめでとうございます」が言えない話をきいたとき、小学校の授業中に名簿が7番である北川が、6月7日という「7」のつく日に、必ずと言っていいほど発言を求められるので、1か月前の5月8日からその日の心配をしていたことを思いだしました。1か月前から心配をしても結局ことばはつまるのですが。

高森さんは、地鎮祭のとき全然しゃべれなくてグダグダになり、すごく傷つき凹んで、お父さんが代わりに「おめでとうございます」を言って、格好悪い思いをしました。

そして、いつのまにかだんだんと「なんとか」言えるようになったし、「なんとかなる」と思えるようになりました。取材をしていて、この「なんとかなる」はなんだろうと考えることがあります。「性格」「運」「開き直り」「努力」「あきらめない力」「明るさ」「前向き」「受容」「周囲の理解」など……近くて遠いというかすべてのことばがあてはまりません。

高森さんは、神社の今後の予定が書いてあるカレンダーを見ながら、ずいぶん前から「おめでとうございます」という10文字のことばを発するために予期不安（私は「くだらない心配」と名づけています）におちいります。そして、その10文字をお父さんが代わりに言ってくれて、ホッとすると同時に格好悪い思いをしています。

「社会人になる」ということは、ある一面ではそんなくだらない心配や格好悪い思いをなんどもなんどもしながら生きていくことなのかなと、明るい高森さんと話しながらふと思いました。

第3章

成人吃音と結婚

——夫との3つの約束——

第2章の20代から40代の成人吃音の方々を取材しているときに、ある程度、ヒストリーを背負っている既婚者の方に会いたいと思うようになりました。

就職、結婚、民間療法、電話、カミングアウトなど、「吃音」にまつわるいろいろな話をきくことで、現在の吃音に対する理解と支援がどれくらい進んでいるのかの気づきになるのではと思ったからです。

家族をもつこと、職場や夫に吃音のことを伝えることなど、いろいろな考えかたに改めてふれることができたし、「電話」の話はとても既視感があり、電話の音が鳴ったら、今でもどこかで同じことが起こっているような気分になりました。

ちばさんは手話を使いながら話すと、ことばが出やすくなるそうです。いつもなんらかの仕事や趣味をしようとする「活気」「生活力」があふれた方です。芯が強く、なにごとにもテキパキと行動している女性に見えますが、「吃音」にかんしては、いくつになっても気持ちが揺れながら生活されているんだと思いました。

ちば　ひでみ　50代（仕事　主婦・CADオペレーター）

●取材日　2016年12月11日
●千葉県在住（宮城県出身）
●趣味　サルサダンス、英語、手話、麻雀、ヒトカラ（ひとりカラオケ）、水泳
●好きな曲　亡き王女のパヴァーヌ
●好きな作曲家　ラフマニノフ

自己紹介

ちば　私の生まれは宮城県です。弟がいます。幼稚園（4歳）のとき、一緒に住んでいた父方の祖母から「この子は、ごっこ（方言・「吃音」のこと）だ」と言われて、私は普通の子と違うのかなと感じたのをよく覚えています。

――幼稚園の友だちからはなにか言われましたか。

ちば　ひとりでいるのが好きな子だったので、なにか言われた記憶はないですね。友だちがいなくてさみしいというのもなかったです。ただ、両親も私のどもりのことは、気にしていたようです。覚えているのは、ことばが出づらくなってから、自分なりにいろいろ試してみて、ある日、ピョンピョンとびはねながら話すと、ことばが出やすくなることを発見しました。随伴運動ですね。私は、これでやっと話せるようになると安心していたのですが、両親が「この子は、話すとき、ピョンピョンとびはねる」と、心配そうに話しているのを聞いてしまい、とびはねることは悪いことなんだと感じて、やめてしまいました。そのあと、どもりはますますひどくなったような気がします。

小学校に入ってからは、友だちも何人かできましたが、授業中も休み時間もほとんど発言しない、お勉強も運動もダメな残念な小学生でしたね（笑）。小学校6年生の夏に仙台から山形の小学校に転校し、そこでの授業のやりかたが、仙台での挙手制とは違い、担任が順番にあてていくものだったので、常にドキドキしていました。本読みは最初のことばが出にくいのですが、最初のことばが出れば、スラスラと読めました。

――ことばの教室もなかったころですね。小学校のときにご両親に相談したことは。

ちば　まったく、なかったです。

――相談したいけれどもできない雰囲気だったのか、それとも、相談したくはなかったのかどちらですか。

ちば　相談してはいけない問題だと思っていました。小学校4年生のとき、どもりで悩みすぎて、神経性胃炎になったんです。父親が「学校でいじめられているのか？」と何度もきくんですけど、実際、いじめられているわけではないから、「いじめられてないよ」としか答えられないわけです。そのとき、「どもりで悩んでいるのか」ときいてくれたら、素直にうなずくことができたんですけども、虫がよすぎますよね（笑）。

中学校時代

――中学校はどうでしたか。

ちば　たぶん中学校のときは、私の吃音について先生も友だちも誰も気がつかなかったと思います。小学校のときのように、難発で数十秒つまることもなかったですね。でも、合唱部の担任に、毎週水曜日「今日は、ピアノ教室があるので休みます」と言うときや、授業中に順番にあてられるのはやっぱりつらかったですね。

母親は、吃音のある人と出会ったり、テレビで吃音の人を見たりすると、「あの人、どもりだよね」と必ず言うんですよ。そのたびに私の気持ちは傷ついて、どうしてそんなことを言うんだろうと、どんどん母親から気持ちが離れていきました。

――ちばさんのことばの症状は、お母さんにとっては吃音とは違う症状だという目線だったかもしれませんね。

ちば　期末試験の最中、ピアノ教室を休もうと思い、「試験中だから、今日のレッスンを休みたい」と母親に言ったら、「じゃあ、自分で電話をしなさい」と言われ、しばらくぐずっていたんですね。そのうち母親が電話をしてくれると思ったんですが、絶対に私にさせようとするんです。どんどん時間もすぎていくので、私は勇気を出して「私はどもりだから、電話はできないのッ！」と、初めて打ちあけたんです。でも、「なに、バカなこと言ってんのッ、さっさと電話をしなさい！」のひとことで終わってしまいました。

――自立を促すということですかね。「電話」はどうなりましたか。

ちば　時間もないので、仕方なくドキドキしながらピアノの先生に電話をかけました。1週間後にピアノ教室に行ったら、先生に「電話、ずっと待ってたのよ」と怒られました。その翌週も同じことを言われましたが、私は母親が悪いと思っていたので、絶対に謝りませんでした。

――中学校時代は、吃音のことで悩んでいたのか、うまくやりすごしていたのかというと。

ちば　ずうっーと悩んでいました。幼稚園、小学校、中学校、吹っ切れたことは一度も1秒たりともありません。でも、なかなか誰にも相談できなかったですね。

高校時代

――高校のころは。

ちば　高校のころは人生初の彼氏ができました！　同じ吹奏楽部の人です。そっちに気持ちがいっちゃうと、吃音が減るんですね。不思議ですね（笑）。人を好きになるとカーッとなっちゃって（笑）、ことばがつまることもほとんどなくなり、吃音がなおるかもと勘違いしてしまいました。高校のころに少し話しかたを変えたというか、ゆっくりと、「あのねー、わたしねー」というように話すと、意外となんでもしゃべれるようになりました。

――そのころ、ご両親と吃音の話をしたことはありますか。

ちば　高校のときに父親が、「実は自分もどもりなんだ」と打ちあけてくれました。父方のおじいちゃんも難発気味だったし、やっぱり吃音は遺伝が関係してるんですかね。私が幼稚園のときにいっぱいどもっていると、父親はマネをしてバカにするんです。父親自身も吃音なのに、吃音のあるわが子をバカにするその神経が、とても信じられませんでした。大学受験に失敗したので、父親からは秘書や事務関係の専門学校を勧められましたが、秘書や事務職は、話すことが絶対に避けられないので、「働く」と宣言しました。

社会人・電話（19〜20歳）

ちば　まずは近所の工場で、おばさんたちに交じってパートの仕事を始めました。しばらくして、社長さんから事務もやってみないかと言われ、私も深く考えないで、「いいですよ」と引き受けてしまいました。そこで、「電話」が登場します。私は電話を取って、頑張って会社名を言うんですよ。でも、２週間ほどで、元の工場のほうに戻されました（笑）。社長さんもちょっと無理かなと感じたんでしょうね。

そのつぎは、初めて喫茶店のバイトをしました。なんとかなると思ってたんですが、厨房にオーダーを入れなきゃダメで、そのことを忘れてたんですよ（笑）。ことばが出てこないんです。あと、たまにマネージャーやお客さんから、お店に電話がかかってきて、私が電話にでて頑張ってしゃべるんですが、相手がマネージャーだと、「なんだ、その受け答えは！」と怒鳴るんです。なんで怒られるのかわからなくて、私の話しかたってそんなに変なのかなと思ってしまい、ますます電話が嫌になりましたね。

――電話で話すときのことばの調子はどうでしたか。

ちば　やはり、言いやすいことばと、言いにくいことばがあるんですよ。緊張するので、言いやすいことばもほとんどスムーズには出てこなかったですね。電話の相手は「あれっ?」と思ったでしょうね。厨房に注文を入れるのも大変だし、マネージャーは怒鳴るしで、だんだん落ちこんでいきましたね。

――大きな喫茶店ですか。

ちば　いえ、小さな喫茶店で、2か月ぐらい働いたときに、母親から「喫茶店はダメ、もっとちゃんとしたところで働きなさい!」(笑)と言われ、職安の紹介で、近所の材質検査をする会社に勤めることになりました。検査の仕事は半年ほどやりましたが、だんだん減ってきて、とうとう事務の仕事にまわされることになってしまいました。また、「電話」で毎日が地獄でしたが、1年以上、そこで働きました。

――19歳から20歳のころですね。

ちば　そうですね。そのころ吃音が原因で、初めて自殺を考えました。8月の暑い夜でした。コードを首に巻くまではできたんですが、その先までいけなかったですね。私のことをとてもかわいがってくれた、母方のおばあちゃんが目に浮かんだからです。

――ご両親の顔は?

ちば　さっぱりうかんでこなかったですね。私が吃音で悩んでいるのを知っているくせに、普通に仕事をさせようとした親でしたからね。

――でも、ちばさんからご両親に吃音の相談をしなかったからではないですか。

ちば　う~ん、子どもは深刻な問題になればなるほど、親には相談しないんじゃないかな。

――電話のとき、会社のまわりの反応はどうだったんですか。

ちば　やさしい方がほとんどでしたが、ある上司のイジメがすごくて……。今で言うと、「パワハラ」ですね。仕事上の連絡をしても、「何を言っているのかわからない」と言われたり、鼻で笑われたりしました。電話を取って誰かに取り次ぐとき、不在の場合、私は「○○は、いません」と言っていたんです。上司からは、いませんじゃなくて、「○○は、席を外《はず》しています」と言いなさいと注意されるのですが、そんな長いことばは言えるわけがないので、私は「○○は、いません」と言い続けていました。同じ間違いをするから怒られるのも当然なんですが、でも、言えないものは言えないんです。

――「ごめんなさい、私は吃音があるので、『席を外しています』が言えません」と、言えないんですよね。

ちば　そうですね。まだ、初々しい10代でしたから（笑）、その勇気がなかったんですね。どうやってこれから生きていこうと考えたときに、結婚か進学しか頭にうかびませんでした。そのころ、彼氏はいなかったので進学することにし、短大の家政科に進みました。

短大時代・就活（20～22歳）

――短大時代はどうでしたか。

ちば　最初の1年間は、働いていたときの心のキズがあまりにも深くて、誰にも心を開くことができず、ただひたすら勉強していました。将来に関しては不安だったけれど、学校では私のほうがみんなより2歳年上だったので、気持ち的に少しだけ余裕があったこともあり、吃音で苦労することはなかったですね。

2年生になって、ホテルのお皿洗いのバイトをしました。そこで、ボーイのアルバイトをしていた、現在の主人と知り合いました。卒論の発表もできたし、そのころが一番幸せで、こんな毎日がずっと続けばいいと思っていましたね。

――次は、就活ですね。

ちば　女子の短大なので、求人はほとんど一般事務でした。でも、私には事務職が無理なことは十分わかっているわけです。そのころのはやりは、ＳＥ（システムエンジニア）とプログラマーで、人との接触も少なそうだし、「電話」もないかもしれないと思って面接に行きました。でも、私は理数系はダメなので試験は全滅でした。

年が明けて、自分の短大の事務職の求人があり、受けてみたら２次まではトントンと行き、３次試験はグループ面接でした。その面接の後に、就活顧問の先生に、「どもり」をもっているので、「電話」が取れないことを相談しました。22歳になって初めて家族以外の人に打ちあけたことになりますね。

その当時、私が知っている限り、「吃音」ということばはありませんでした。ある会社の求人票に、「どもりの人は、電話もできないので、応募不可」というようなことが書かれていました。

――すごいですね。

ちば　「わぁ、これって私のことだぁ。私、ダメなんだぁ」と思うじゃないですか。顧問の先生からは、「普通にしゃべっているじゃないですか。あなたの思いすごしですよ」と言われてしまうし……。結局、結果は不採用でした。たぶん、「電話」を取るということが重要な仕事だったんでしょうね。正直落ちてホッとしました。自分には電話が無理だということが、痛いほどわかってましたからね。

東京・就職・吃音の民間療法（23〜24歳）

――それからは、どうされたんですか。

ちば　短大にきていたＣＡＤオペレーターの求人に応募したら、運よく受かり、そこでＣＡＤ操作を覚えました。電話を取る必要もめったにないし、仕事自体もやりがいのあるものだったんですが、会社のレンタルトイレ

（笑）に耐えられなくなり、10か月で辞めて東京へ行くことにしました。当時、ＣＡＤの仕事は仙台では少なくて、東京のほうが多かったんですね。ちょうど彼も東京で働いていて、そのことも、私の背中を押してくれました。

――たくましいですね。ちゃんと働き続けていますね。

ちば　なにがあっても、仕事は続けたいと思っています。東京の神田での派遣社員としての仕事は、ＣＡＤだけやっていればよかったので3年くらい勤めました。電話を取ることはいっさいないので、仕事で悩むことはなかったのですが、普段の生活ではうまくしゃべれないことが多く、話すことにかんしてはずっと悩んでいました。

そのころ（1990年頃）、駅の電柱に、『どもり、赤面症、あがりをなおします』という貼り紙がいっぱいあったのを覚えていますか。

――はい、白い紙に筆文字でしたね。最近は見かけませんがよく覚えています。

ちば　池袋の立教大学正門近くにあった民間療法の教室へ通いました。週1回で月謝が1万円ですから結構高かったですね。そこで呼吸法や読みかたや発表の練習をしました。

そのときはじめて自分以外の吃音者に会いました。

――参加者は何名くらいでしたか。

ちば　8畳くらいの部屋にいっぱいでしたから、20名くらいかな。参加者は、中学生から50代ぐらいの方たちで、男性が多かったですね。

――どうでしたか。

ちば　半年くらい通ったけれど、私の吃音はいっこうによくならないし、月謝も高いので辞めました。毎週火曜日の夜に教室に通っていたんですが、彼にはそのことを言えなかったですね。

——教室へ行く勇気が、よくありましたね。

ちば　勇気……たぶん、自分なりにつらくて、吃音を絶対になおしたいという気持ちがずっとあって、「そこに行けばなおるんだ」と思ったんでしょうね。

——初めて教室でたくさんの吃音のある方に会って、自分以外にも吃音者がいるんだと、どこかで安心した部分はありましたか。

ちば　それより、どもりってなおらないんだと思いましたね。電話もできないし、あいかわらずつまるし、一生つきあっていくしかないんだなと、なおすことをあきらめはじめました。

そのころ、テレビでたまたま手話を見たんです。手話だったら自分の気持ちを伝えることができるかもと思い、本などで手話を独学しました。職場に同じＣＡＤ業務担当として、ろうあの中年男性の方がいたので、ほんの少しですが手話で話したこともありました。

昔のろうの方は手話が使用禁止で、ろう学校でも手話は教えてもらえず、大人になってから手話のサークルに入って学んだというケースが多いことも、最近になって知りました。私が手話を学んだきっかけが吃音なので、どうしても耳が不自由な方と吃音者をつなげて考えてしまうところがあります。

結婚・3つの条件・盛岡（26歳）

ちば　東京にいた彼が、岩手県盛岡市に転勤になったので、それをきっかけに結婚しました。26歳のときです。昼間は時間があったので、手話、英語、スイミング、着付け教室などいろいろとやりましたね。

私は、子どもをつくりませんでした。自分ひとりが生きていくのも大変なのに、子どもがいたらＰＴＡや保護者会などで発言させられたり、電話連絡が必ずあるじゃないですか。あと、もし子どもが病気や事故にまきこまれても、私には救急車を呼ぶことができません。そんな理由から、私は子どもをもつことをあきらめました。

――いつごろ、そのようなことを決めたんですか。

ちば　働き出してからだから、20歳をすぎたころですね。

――結婚はしようと思ったんですよね。

ちば　自分ひとりでは生活はできないから、結婚は絶対に必要だと思いました。でも子どもは重荷になるから、つくっちゃいけないと思っていました。私はそういうわがままな考えしかできないんです。だって、自分ひとりのことだって、「電話」すら満足にできないんですよ。子どもができたら、いっきに子どものことで人間関係が広がるじゃないですか。今だったらメールとかありますけど、当時は「電話」だけですよね。

――20歳のころに子どもが吃音になるかもという不安ではなくて、ちばさん自身がお母さんになったときに、ママ友とか、PTAのような学校関係とか、そういうところで苦労すると思ったわけですね。そこのところは……。

ちば　……私は頑固ですよ。

――結婚するときに、ご主人に言われたんですか。

ちば　こちらから3つの条件を出したんです。「あなたの親とは同居しません」「結婚式は挙げません」「子どもはつくりません」、この3つの条件をのめるんだったら結婚してあげてもいいよ（笑）、みたいな感じでしたね。主人からも「俺も子どもはそんなに好きじゃないし、結婚式もお金がかかるし、親のこともなんとかなる」と言われました。当時は2人とも若かったですからね。そんなに深く考えてなかったんだと思います。現在、主人の両親は元気に暮らしていて助かっています。

――結婚してから、ご主人から子どもの話はなかったですか。

ちば　1回だけありましたよ。私が30歳ぐらいで、盛岡に住んでいたころでしたね。

――怒りましたか。

ちば　怒らなかったですよ。彼はいい人だから（笑）、彼の気持ちはとてもわかるんですよ。彼の友だちに次々と子どもが産まれ、その友だちから、お前のところはどうなの？　と聞かれたみたいなんです。それで、彼にも迷いが生じたみたいです。結局、「子どもはつくらないって約束したよね！」の私のひとことで、話は終わってしまいました（笑）。なかがいい夫婦なので、子どもがいないから、不幸せと思ったことはないですね。

電話の話　その1・仙台（33～36歳）

ちば　盛岡から仙台に引っ越したあとは、派遣会社10社ほどに登録し、3か月や半年契約の仕事をしていました。CADオペレーターの数も増えており、私が20代だったころと比べると、条件が大分悪くなってました。ある派遣先を紹介されたときの話ですが、派遣会社の担当者は、最初はCADの仕事だけとしか言わないんです。でも実際は、事務職兼務というものでした。いままで、電話でつらい経験をさんざんしているくせに、もしかしたら、今度こそできるかもしれないと思い、「電話」という条件もOKしたんですが、やはり会社名が言えず、「リーン！」という音に恐怖心をもつようになりました。受話器を取って、やっと社名が言えたとしても、上司からは「最近入った派遣社員は、電話の話しかたがおかしい、どうにかならんのかね」と陰《かげ》で言われました。どうして、いい大人がここまで言われなきゃならないんだろう、こんな思いが死ぬまで永遠に続くのかなと情けなくなりましたね。

相談なんて1度もしたこともない主人に、「電話ができないのに、電話しなくちゃいけないの！」と泣きながら打ちあけたら、「電話ができないんじゃしょうがないよ、電話をしなくてもいい仕事を探すしかないな」とアドバイスしてくれました。

電話の話 その2・仙台（40歳）

——結婚して40歳をこえてから、吃音が原因で死にたいと思うことは？

ちば そこまでは思わなくなりましたね。それはどうしてかな。

——それは、もう……。

ちば 歳をとったからかな（笑）。

——うまく言えませんが、ある年齢からは歳をとることで吃音に無神経になってほしいですよね。

ちば そうですね。私が仕事で一番困ることは病気になったときです。「休みます」という電話ができないからなんです。3か月や半年という短期の仕事が私には都合がよかったんです。半年くらいなら元気に働けるし……。病気になったときは、フラフラになりながらなんとか出社し、すぐ早退させてもらうというパターンでしたね。

——ご主人が代わりに電話をしてくれることはないのですか。

ちば 頼めたら楽なんですが、頼めないんですね。これしきのことで電話なんて頼めるか！　というプライドなんでしょうかね。

——ご主人は頼まれたら、「自分で電話をしなさい」と断るタイプですか。

ちば たぶん頼めば、絶対電話をしてくれる人です。でも、恥ずかしくて言えないんですよ。仙台で一番最後に働いた場所は、大学の地震研究所で11年間研究補助の仕事をしました。そこまで続けられた理由は、病気になってもメールで連絡ができたからなんです。電話を取らなくてよい仕事だったんで、私にとっては都合のいい職場でした。

電話とカミングアウトの話・東京

ちば　そのあと、2015年3月に主人の仕事の都合で千葉に引っ越してきて、電話がない事務補佐兼CADの仕事をはじめて5か月が経ちます。今回は、派遣会社の面接の履歴書に「吃音症のため電話応対不可」と書き、吃音のことを理解してもらえるようにしました。

紹介された会社は、とても忙しい会社で電話がかかりっぱなしなんです。そのなかで、私だけが電話を取らなくてもいいという条件で働いています。入社日に、私の上司が50人ほどの全社員の前で「ちばさんは、内線も外線も、電話はいっさい取りません。」と話してくれました。

――電話ができない理由は?

ちば　気をつかっていただいたのか、吃音の説明はなかったですね。私からのあいさつも省かれて、みんなは「どうしてなの?」と思ったかもしれませんが、私は内心助かりました。ただひとつ問題なのは、職場の女性たちと一緒にお昼をとるとき、普通にコミュニケーションを取りたくても、なかなか声が出ないのはつらいですね。「この人、しゃべらないわ、ヘンだわ」と思われているでしょうね。

――いまでも、仕事仲間はちばさんが電話を取らないのは、吃音だからというのを知らないんですか。

ちば　たぶん知らないでしょうね。将来はみんなに知ってもらいたいです。

――上司がちばさんを紹介したときに、電話ができない理由をどのように伝えるかを相談すればよかったですね。たとえば、「その理由は、ちばさんから言ってもらいます」や、「その理由は、ちばさんから吃音のメモを預かっているので、私が代読します」でもいいですしね。

ちば　そうですね。

――そうなれば、上司の話が終わったあと、休憩時間やランチのときに「ちばさん、吃音ってどういうこと、詳しく教えてくれる」となったりしますしね。

ちば　いや、それはないと思いますね。逆にみんなは気をつかってそのことにふれてこないかな。会社では、毎日、朝礼と終礼があるんですが、私は派遣の立場なんで話すことはないんです。ただ、休みをもらうときは前日の終礼で、「明日、休みをいただきます。よろしくお願いします」と発表し、休みをもらった翌日は、「昨日、お休みをいただきありがとうございました」と発表しなければならないんです。

――人間関係がうまくいくためですね。

ちば　私は言えないので、風邪とかで休んだとき、どうすればいいのか悩んでいます。

――自分勝手な考えですが、ひとつは、上司に休んだ理由を代わりに言ってもらう。2つめは、なかのいい同僚に代わりに言ってもらう、3つめは、ちばさん自身が話す。つっかえないことばが必ずあると思うので、そこまではちばさんから話すという作戦もあると思います。たとえば、「おはようございます、今日、私からお伝えしたいことがあります。内容については同僚のAさんから言ってもらいます」という言いかたもあるし……でもそのときこそ、ちばさんご自身が吃音のことを言うチャンスかもしれませんね。

ちば　そうなんです。私もそこしか言えるチャンスがないかなと思っています。

――ちばさんご自身が、「明日、私は休みを取らせていただきます。その理由はことばがつまって言いにくいので、同僚のAさんに代読してもらいます」という流れにすれば、Aさんが「ちばさんのことばがつまること、吃音のことは説明が難しいので、ちばさんが用意をしたプリントを配ります、わからないことがあれば遠慮なくちばさんにきいてください」という作戦もありますね。

ちば　いいですね。でも私、実はア行が出づらくて、初めの「明日、私は休みを……」の「明日《あした》」が言えないと思うんです（笑）。

――なるほど、やはり上司とどのようにやればいいか、相談したほうがいいと思いますね。

ちば　そこまでやりたいですね。いままでのモヤモヤ感がすっきりして、自分が救われる感じがしますね。私は派遣として働いているので、有給休暇をもらうには半年間勤める必要があります。来年になったら有給休暇がもらえるので、そのときに行動をおこせればいいですね。

手話と吃音

ちば　私の目標は、会社に手話を広めることなんです。私はことばを出すときに手話が一緒だと言いやすくなるので……。随伴運動みたいなものです。

――今日も話をしていてことばがつまりそうな場合に、ちばさんの左右の手のひらがとても活躍していますね。会社の朝礼で休みをとるときも、うまく手話が使えて話せればいいですね。

ちば　でも、健聴の人に対しては、恥ずかしくて手話が使えないんですよ。

――朝礼のときであれば、ちばさんがみんなの前で休みの申告をするときに、上司から、「ちばさんは手話が得意だから、手話を使いながらお話をしてもらいます」というフォローがあればどうですか。

ちば　素敵ですね（笑）。もちろん、手話と一緒に話をすれば言いやすくなるのは、私のケースであって、人によって違うのもわかっていますが、吃音者や吃音以外の言語障害のある方にも、手話という言語があることを知ってほしいと思います。

手話が広まらないのは、手話ができる健聴者が少ないからです。無理だとわかっていますが、手話が義務教育のひとつになればいいなと思っています。子どもは小さければ小さいほど覚えるのが早いですからね。吃音のある子どもたちも、コミュニケーションを取る手段として、「普通にしゃべること」と「手話で話すこと」の好きなほうを選べるようになればいいなと思っています。

――「筆談」という選択肢もあっていいですね。

夫と吃音〔その1〕

――先ほど、ご主人との結婚の3条件を教えてもらいましたが、ちばさんは、ご主人とちばさんの「吃音」のことを正面から話し合いをしたことはありますか。

ちば　結婚して24年たちますが、いっさいないですね。盛岡に5年、そのあと仙台に17年いて、そして2015年から千葉となるわけですが、仙台にいるころハローページに「どもりをなおします」という記事を見つけて、電話で問い合わせをしたことがあります。子どもは診るけれど、成人は診ていないと断られました。

そのあと、かなり怪しい（笑）カウンセリングや催眠療法なども受けましたが、当然ですが、どもりはなおりませんでした。

――電話で吃音の相談をしようとするけれど、ご主人には相談されないんですね。

ちば　なんで、言えないのかなあ

――でも、普段、ご主人と話すときはことばはつまるわけですよね。

ちば　はい、つまっています。

――ご主人はなにか言うことはありますか。

ちば　ずっと待っててくれます。私は主人とスムーズに話したいけれど、つまってしまい、いつも、くやしい思いをしています。話したいことのほんのちょっとしか言えてないんですよ。

——私は、今日はこんなこと、あんなことがあったと理路整然と説明をするのはとても苦手です。

ちば　私も説明が苦手です。

——話の主語がないから、誰がなにをしたかわからないと言われたりしますね。話がとんでしまうというか。

ちば　頭のなかでは、全部、文章ができているんですけど、ことばとして出てこないのはくやしいですね。結婚してから5年後、ひとりでオーストラリアに短期の語学留学に行かせてもらったことがあります。帰国してから、主人に現地での思い出をいっぱい話したいんですよ。でも、ちょっとしか言えなくて、写真を見せて補うしかなかったのがくやしかったですね。

——いままでお話を聞いていると、ご主人とのあいだでは吃音はタブーになっているということですか。

ちば　そうですね。結婚前に電話で、「私はどもりだから、あなたと一緒にはなれない！」と泣きながら話したことは、一度だけありましたが、今は、吃音にかんして触れられたくないですね。

——吃音の愚痴をこぼしたくないということですか。

ちば　愚痴を言うくらいだったら、「あなたとたくさんしゃべれないのは、悲しいわ」と言いたいです。本当に彼といっぱい話がしたいんですよ。彼のことを愛しているから、いろんなことを話したいのに、それができないのがくやしいですね。

——そのちばさんの気持ちを、ご主人は知っていますかね。

ちば　知らないでしょうね。私がしゃべりすぎないからうまくいってるのかもしれませんしね（笑）。

夫と吃音（その2）

——吃音があるちばさんのことをどんなふうに思っていたか、ご主人にきけますか。

ちば　そこが私の最大の壁かな。

——最近、言友会に行っていることは。

ちば　まったく、言っていません。

——それはどうしてですか。

ちば　その理由が自分でもわからなくて、言いたくないからとしか言えないですね。……恥ずかしいから……。

——ご主人のことが好きだから、余計な心配をさせたくないからですか。

ちば　必要以上に、吃音はだめなことととインプットされているんですね。私にとって、吃音は罪みたいな感じになっているんです。

——ご主人は、ちばさんの吃音を罪とは思ってはいないでしょうね。

ちば　私がそう思っちゃうんですよ。私がそういうものを抱えているのを、彼に知られたくないのかな。障害者だって思われるのが嫌なのかもしれません。

——抱えている……ですね。

ちば　彼もとっくに私が吃音で悩んでいること、悩んでいたことも知っていると思うんですが、あえていまさら、私から、「自分はどもりなの」とさらけ出したくないという気持ちはありますね。

——本当はご夫婦でお会いをして、吃音のないご主人は、吃音のあるちばさんのことをどのように思いながら生活しているのかおききしたかったんですね。

ちば　主人は私が家に帰っても、「なにをしてきたんだ？」ときかないタイプなんですよ。今日もたぶんきかないと思います。もし、きいてくれたら、「実はね、今日、こういう人にあって、取材をうけて来たの」と言えるかもしれませんが、私から言わない限りは、絶対、きいてこない人なんです。今日、お話をしていて私の最大の問題は、主人に吃音のことを話せないことだと気づきました。まずは、北川さんに会ったことを彼に言えるかどうかですね。

――吃音の取材って言えますか？

ちば　吃音って言えるかな。

――吃音って、言ったことはないんですか？

ちば　言ったことないですね。彼の前では、私のなかの禁句のような感じですね。というか、そもそも「吃音」ということばがどもって出てこないんですよ（笑）。

彼は私が話したくないことを無理にきくような人ではないので、私から話をきりださないかぎり、なにも変わらないでしょうね。

吃音って、言ったことはないんですか？……自分自身のこと

ちばさんが長年連れそっているご主人に吃音のことを話せないことに、同世代の私は「なぜ、言えないのだろう」と思いつつ、自身の仕事場における吃音体験を思い出しました。

私はドラマや映画の監督になりたくて、まず、助監督の仕事を数年間しました。撮影現場の助監督の仕事の一例ですが、俳優さんが「誰か」と電話で話す場面を撮影する場合、セカンド助監督である私は、カメラの横で「誰か」の電話の代読をして、俳優さんの撮影をします。脚本に書かれた

「誰か」のセリフは、一字一句間違えたり、言いかえたりしてはいけません。「誰か」の撮影はすでに終えていて、すでに長さ（秒数）が決まっているからです。

そのような場合、私はカメラの前にいる俳優さんに話すという緊張に加えて、脚本に書かれている決まったセリフを同じ長さで話すという極度の緊張のため、必ずことばがつまるというか、最後まで話すことができません。何度、撮影をくり返してもことばがつまります。

だんだん俳優さんの顔色も、撮影現場のスタッフの雰囲気も、「いったい、どうしたんだ」に変わっていきますが、私にはなんの打開策もありません。「……すみません、私には吃音があって……」みたいなことは言い訳がましくて言えません。しばらくすると、先輩のチーフ助監督がその場を察し、私の肩を叩きます。そして、私の後輩のサード助監督が私の代わりに「誰か」の代読をいとも簡単にスラスラとこなし、撮影現場は何事もなかったかのように進んでいきます。

そのときの屈辱感はいまでも覚えていますが、助監督の仕事をやめたいと思わなかったし、スタッフや俳優さんから「どうしたの」と直接聞かれたこともありません。撮影現場では、私が吃音をカミングアウトするかしないかは関係なく、滞りなく撮影を終えることが大切なことです。撮影前に助監督仲間やスタッフ、キャストに、「私は吃音があるので、電話の代読のようなことはできません」と言ったこともありませんし、言っておこうと思ったこともありません。

ラーメン店での撮影で、俳優さんが店に入ってきたときに、画面に映らないラーメン屋のオヤジのセリフ「はい、いらっしゃい！」は、心臓はバクバクしながらも、なんとか代読ができます。でも、ファミレスでの撮影で、俳優さんが店に入ってきたときに、画面に映らない店員さんの「いらっしゃいませ、お客さま何名さまでございますか。こちらへどうぞ」のような几帳面な決まりごとのセリフの代読はつまってできません。

そのころは、このような自身の吃音を説明する気にもなれなかったし、そのような発想もなかったと思います。吃音の症状以上に吃音しているときの感情を説明するなんて想像もできなかったと思います。

このような自分のことをさておいて、ちばさんに、「吃音って、言ったことはないんですか？」と当たり前のようにたずねる自分が、少しはずかしくなりました。

第4章

吃音のある男性看護師の話

―3つの視点から―

飯山家の愛犬リリィ

拙著『吃音のこと、わかってください』を書いていた2013年7月に、北海道在住の吃音のある飯山博己《ひろき》さんが34歳で自死されたことを新聞で知りました。吃音がひとつのきっかけ（原因）で亡くなることが、今でも起こることがショックというか、吃音の現実が吃音の思いを超えていくように感じたことを覚えています。

私の場合は、小中学生のときに吃音でいろいろな思いをしたけれど、成人になるにつれ「吃音」より「仕事」「家族」の心配のほうが大きくなり、忙しく日々をすごしました。成人吃音というのは、症状の差はあれども、私のようになんとかやっていけるものだと思いこんでいました。それはとても甘い考えでした。

２０１４年11月に名古屋であった言友会の全国大会での飯山千恵さん（博己さんの姉）の講演を聴くうちに、ごく普通の家庭で育った、ごく普通の社交的な博己さんのことを、丁寧に取材すれば、われわれがなんとなくすごしている日々が、いかに貴重なものなのか感じてもらえるのではと思い、千恵さんに取材のお願いをしました。

次の３つの視点で、飯山博己さんの取材をおこないました。

①言友会の会員の方々に、「会員」としての飯山さんを取材する
②ご家族に、「長男、弟」としての飯山さんを取材する
③大学の同級生に、「友人」としての飯山さんを取材する

1 言友会のなかまたちが、飯山博己さんを語る

飯山博己《ひろき》さんのご家族に会う前日に、北海道言友会の方々に会っておこうと思い、会長の南先生に調整をしていただきました。飯山さんは亡くなる5か月前（2013年2月）に言友会に入り、積極的に活動をされています。交友があった3名の方々にあつまってもらい、飯山さんのこと、吃音についての思いをお聞きしました。

●取材日　2015年4月18日

南　孝輔（みなみ　たかゆき）60代　吃音
北海道言友会会長
NPO法人全国言友会連絡協議会理事長
札幌市立南月寒小学校教諭（ことばの教室担当）

石黒　航生（いしくろ　こうき）20代　吃音
北海道言友会の会員　会社員　経理事務

藤井　哲之進（ふじい　てつのしん）30代　非吃音
北海道言友会の会員　大学職員

飯山さんとの出会い

――明日、飯山さんのご家族にお会いしますが、吃音がある飯山さんと、吃音があり生きている南先生、石黒さん、私との違いや差はなんだろうなと思うんです。そのことを考えながら、お話しをうかがえたらと思います。

南　私は飯山さんが看護学校の学生のときに初めて会いました。2011年の年末に、私がその看護学校で講演をしたことがあり、言友会の活動も紹介をしました。

石黒　飯山さんが、実習でうまくしゃべれなくて留年が決まったころですね。

南　そうだね。飯山さんが初めて言友会に顔を出したのは2012年の2月で、2012年6月におこなわれた吃音講習会では自身の吃音のことをつまりながらも発表されています。入会をしたのは、2013年2月です。

――2013年秋におこなわれる予定の「吃音キャンプ」のリーダーに決まっていた飯山さん。春ごろの様子はどうでしたか。

南　私は飯山さんにキャンプの企画書の作成を頼んだり、下見を一緒にしたりしました。その下見のときはやっぱりおかしかったですね。言友会での話し合いでも飯山さんの吃音はあんなにきつくなかったのにと思いました。キャンプで使う部屋を下見しながら移動しているときに、急に彼の顔が私にせまってきたの。目をつぶりながら、「ウーン、ウーン」と足を踏みだして声を出そうとしていたんですね。最初に会ったころの彼のきついパターンの吃音のしゃべりかたでしたね。もしかしたら、なにか大変なことがあるのかなと思いましたが、仕事上のことだとは思いませんでした。

石黒　飯山さんは言友会のなかに「青年部」をつくりました。若い人たちと飲みに行くというあつまりですね

（笑）。飯山さんが亡くなる1か月前の2013年6月にも青年部の飲み会がありました。

藤井　そのときの飯山さんはどうだった？

石黒　飲み会ではあまり吃音の話とかしないんですね。「最近の仕事はどうですか？」「ナースコールがちょっと大変」のような話をしているときは、いつもの飯山さんでしたね。

藤井　飲み会では疲れた顔をしていたけど、4月から看護師として勤めて、まだ3か月だし、そのあたりの疲れなのかなと思っていました。「大変なんだよね」ぐらいで、具体的な重《おも》い話にはならなかったですね。

飯山さんの性格

藤井　飯山さんが人前で見せている顔は、飯山さんが心の底で思っていることと全然違っていたんだと今になって思います。人を笑わせたり、人をグイグイ引っぱるのが好きな感じで楽しそうにふるまっていたので、困っていることがあっても、うまくやれていると思いました。

石黒　飯山さんは言友会は居場所のひとつだと言っていましたが、その感情とは別に自分のなかで抱えていたものがあったのかなと思います。仕事をやっていくうえで周囲の環境に左右されることが大きいと思います。飯山さんの職場の環境は僕にはわかりませんが、少なくとも僕の場合は自分の会社の人間は、ほぼ全員、私の吃音を知っています。僕は経理をしているので、結構電話がかかってきます。自分を分析すると、電話がかかってきて取るほうの電話は大丈夫ですが、自分からかける電話はちょっと難しいんです。かける電話はほかの人にお願いしたりすることもあります。また、会社内の電話のやりとりで、吃音で言いにくいなと思う場合は直接言いに行ったりします。そういうことを会社が認めてくれていると思います。そのような違いが、僕と飯山さんの職場にはあったのかなと感じています。

――石黒さんにとって、とても風通しがよい会社ですね。

南　石黒君は入社のときから自分の吃音のことを話していたんだよね。

石黒　そうですね。入社当時、採用担当の責任者だった方に「吃音があっても気にしないで頑張りなさい」と言われたことが、僕にとってはすごい励みになっています。会社の人たちが僕の吃音を気にしているのは間違いありませんからね（笑）。仕事においては周囲の環境に恵まれていると思います。

吃音と職業選択

南　飯山さんが病院を決めた背景には専門学校で教えていた先生が、彼が就職することになる病院の看護部長をやっていて、彼をその病院に就職するようにさそったのは、大きかったでしょうね。飯山さんにとっては病院で働きだしたら、その看護部長がフォローをしてくれることもあるはずだしね。でも、その病院に就職をする前に、その看護部長が辞めることがわかったらしいんですね。

そのことで、飯山家ではその病院を「やめるか、やめないか」で、家族で話しあったみたいです。家族にしてみれば、そこでやめてもよかったんだけど、彼はやると決めたんですね。

藤井　急性期の循環器の看護師をやりたくて、その病院なら願いはかなうわけだしね。

石黒　吃音ということですぐに職業選択をあきらめるタイプの人ではなかったですね。

南　大学在学中から何度も就職試験に失敗をして、専門学校で学びなおして30代になり、やっと決まった職だから弱音も吐けなかっただろうね。仕事にかんする悩みごとは誰にも話せなかったんだろうね。吃音が今回のきっかけのひとつなのであれば、それを直結させたものはなにかということをね、僕らが考えなきゃならないし、さっき、北川さんが言った「その差はなんでしょう」につながると思います。

彼がうまくいかなかったのは、先輩看護師たちから教育や指導を受けるときや、患者さんの前のときだと聞いています。それ以外の場面ではうまくいっているというか、新人看護師たちのなかではリーダーシップを取っていたらしいです。

吃音の症状

藤井　吃音の症状やでかたも関係していると思います。私は2012年に飯山さんが初めて言友会の勉強会に来たときのイメージがとても強いです。

そのころ、飯山さんは学校で実習の報告をすることで悩んでいたんですね。長さとしてはA4用紙1枚くらいの原稿でした。吃音勉強会の時間を使って、飯山さんが10名くらいの前で演壇に立って発表をする練習をやりました。普通の人ならA4用紙1枚読むのに3分前後かかるところが、ことばがスムーズに出てこなくて、15分かかっても読めなかった。それに足踏みの随伴や「ムー、ムー」という挿入のことばも多くて、この方の吃音はすごく重くて、大変だなあというのが飯山さんの最初のイメージです。それはとても印象的で、衝撃的でした。

石黒　飯山さんが調子が悪いときは、いつもそうですね。

藤井　そのあと、言友会に通って何回か練習していくうちに、症状も軽くなっていくように見えたんです。友人や慣れ親しんだ人の前だとかなり軽くなり、どもることはあるけれど、足踏みや「ムー、ムー」も減りました。話せても自然に聞けるぐらいのレベルだったんです。だから飯山さんは発表とかが苦手だけれど、普段接している姿を見ていると、たぶん自分なりにつまったときのコツとかをみつけて、克服していたのかなと思っていました。でも職場にでて実際に働いてみたら、たぶん、私たちが飯山さんと最初に会ったときの吃音の状態

南　だったのかなと思うんですよね。
　病院での飯山さんのしゃべりかたは、その場にいたわけではないから想像でしかないけど、私たちが最初に会ったときより、もっと重かったと思います。彼の場合は病院で看護師として働く8時間労働の間、ずっと緊張を強いられていたんだと思うし、仕事が終わってからも追いつめられた状況が続き、それが日常だったのかと思います。それはちょっと私には想像ができないし、そのような経験はありません。どんなに自分がしゃべれないときでも、終わったら忘れて友だちと遊べるしね。
　小学校の教育実習もそうなんですが、どういうことを注意されたか調べて、翌日までにまとめて持っていかなきゃならないから、睡眠時間も短かったかもしれないね。

石黒　ということは、自分の家でも仕事のことを考えなきゃならないから、家に帰ってもずうっと仕事という状態が続いているということですね。仕事上のホウレンソウは、伝える用語も決まっていて、言いかえることができない医療的な専門用語はきついと思いますね。

南　死の道を選ばなかったというか、その場から逃れることができた人には、ぼやくことができる人というか、吃音を理解してくれる人の存在があるかもね。

家族と吃音

藤井　飯山さんは、「吃音があっても頑張る姿を見せる」という気持ちが強かったかもしれない。

石黒　僕の場合は、吃音でなにかあっても悩むことは少なかったですね。なぜかと言うと、吃音が隠せるような症状ほど軽くはなかったし、隠して生きていくという感情にはならなかったからです。

南　隠せないくらい、どもっていたということですか。

石黒　どもっていたと思います。

南　石黒さんは子どものころ、吃音で困ったことは親には話せたの。

石黒　親に相談したこともありますけど、親が解決できることは限られてくるので、大変だけど自分でなんとかしますってやってきました。

――それもすごいですね。

石黒　でも、就活が吃音の人にとって、いっきにハードルがあがると思うんです。僕の場合は就職活動がうまくいかなくて、面接のときに吃音のことをすごい聞かれ、「そういうのだったら働けない」と言われて、「確かにそうだけど、どうなんだろう」と悩んでいたことをツイッター上に愚痴で書いていたら、藤井さんから言友会のサイエンスカフェ(※10)に来ませんかとお誘いを受けて会ったんです。

藤井　そうですね。4年半前になりますね。当時、吃音の社会的支援をテーマにしたサイエンスカフェを企画していて、そのスピーカーを探していたところだったんで、石黒さんにみんなの前で就職活動のお話をしてもらいました。

石黒　あのときは僕の吃音の状態はとてもひどかったと思います。そして、その半年後に今の会社に入ることが決まりました。

――出会いですね。

南　飯山さんは、吃音で困ったことはすこしだけど家族にはしゃべってるんだよね。お姉さんが飯山さんに、「なぜ言友会で吃音の相談をしないの」と聞いたら、「言友会は唯一の楽しい場だから、困ったことはしゃべらないと決めている」と言っていたらしいね。

――私は母親が吃音だったので、誰にも吃音の相談はしたことがありません。石黒さんは誰かに相談しましたか。

石黒　学生のころは、本当につらいときは母親に言って学校を休んだことがあります。母親は子どもの吃音に対して絶対に親の意見をおしつけないし、子どもの吃音を親がどうこうできるわけじゃないと、ずっと思っていたみたいでした。今思えば僕がSOSを出したら、助けてあげようという感じだったのかなと思います。でも、直接、聞いたことはありません。

南　聞けるうちに、聞いておいたほうがいいよ。

石黒　母親はことばの教室に行けば、なおるもんだと思っていたみたいです。

――通われたんですか。

石黒　プレイルームで遊んでばかりだったので、僕は2回くらい通ってやめました。

藤井さんの吃音のイメージ

――藤井さんは大学で吃音を研究されるなかで、いろいろな症状の吃音の方と会われて、「吃音」をどのようにとらえるようになりましたか。

藤井　吃音は個々を見れば多様ですし、ことばの障害であるということ、それによって心理的な悩みがあったり、社会的な生活を営むうえで困難や障害があるということだと思います。

僕自身、吃音ではないので吃音を研究する前は、吃音はことばがつっかえたりするだけで、吃音にどのような問題があるのか、まったく想像がつかなかったですね。研究をはじめて、言友会の吃音のある方と会って話を聞くと、うまくしゃべれないことが大きな問題であることがわかって、ずっとひっかかり続けています。

吃音の報道のされかたもふくめて、吃音のある人がしゃべるときに、まだまだ、一面的な部分しか話がされていない感じがします。「吃音があっても頑張るんだ」「吃音を受けいれる」という話ばかりをするのではなく、

「こういうとき、こういうところで吃音で困っているんだ」ともっと発信していかないと、たぶん吃音でない人は吃音のある人を見たときに、「吃音はうまくしゃべれない障害」という見方しかしてくれないと思います。吃音の社会的支援のためにも個々の体験談を発信していくことも大切だと思います。

――普通の人々が知っている吃音のイメージは、どのようなものかと考えることがあります。数十秒以上ことばがでてこない難発は、あまり知られていないのかなと思います。藤井さんは吃音を研究をされる前は、吃音というのはどんなイメージでしたか。

藤井　軽い連発ぐらいですかね。

南　連発が吃音というイメージは確かにありますね。

大学での吃音の研究

藤井　大学で吃音のことを研究することになり、言友会の方たちを大学に招いたことがあります。そのとき、Aさんに会ったときは、やっぱり衝撃的でしたね。重度の難発の吃音の方で、吃音でこんなにもしゃべれないのかと思ったし、なにを言っているのか正直わからなかった。

さきほど話したように、私にとっての吃音のイメージは「あ、あ、ありがとう」くらいだったので、吃音はもっといろいろな症状があることを知り、ショックを受けましたね。それから、Bさんという方は僕の高校の同期で、大学も同じなんです。彼は裁判所の事務官になる公務員試験を受けていて、筆記は通るんだけれど面接で自分の名前が出てこなくて、2回受けてダメでそのままひきこもったんですね。そのあと、ビルの清掃だとかアルバイトをして生計を立てていると聞きました。

偏差値の高い大学を出ているのに、吃音があることで自分が望むような職に就けない、しかも試験は通るのに面接で自分の名前が言えないという、それだけの理由で社会の道から外れてしまうというのは、どうにかしなければと思いましたね。

だから、僕のなかでは吃音のある人がうまくやっていけるように社会を変えていかなければならないと思いますし、そこを支援したいですね。あと、吃音は幼少期は自然回復しやすいし、早期支援をすれば改善しやすいので、そこもしっかり支援をしていきたいですね。

南　Bさんは学科が受かるということは記憶力もいいし、人当たりも悪くない。問題ないよう見えるわけだけど、面接という、人とうまく話せるかという点だけがダメで……どうしてわれわれは矮小化しちゃうのかな……うまく話せるかどうかだけが問題だというふうに。

コミュニケーション能力

石黒　就職活動で必要なのはコミュニケーション能力だとよく言いますよね。聞かれたことにきちんと受け答えできることが基本になると思うんですが、吃音があるとそこがなかなかうまくできないんですよね。

南　誰がどういう立場で「コミュニケーション能力」を言うかによって、ずいぶんとゆがめられる可能性もあると感じるね。企業側が求めているのは、なめらかに話せて、クライアントを説得できて、商品説明もできて、売ることができるのが、「コミュニケーション能力」だ、みたいになってるよね。

石黒　就職活動のときに、会社のパンフに、求める人材は「コミュニケーション能力」というのがあって、その会社を受けた際、面接の最後に面接官から質問はありますかと聞かれたので、「御社が求めるコミュニケーション能力は、具体的になんですか」と聞いたことがあります。返ってくる答えは、「聞かれたことにきちんと受け答えできる能力」という普通の答えなんです。その普通が吃音のある人間にとっては大変なんですけどね。

南　石黒さんがもっている「コミュニケーション能力」は、みんなでなにかをつくっていくときに、まとめ役になってくれたり、情報を共有するときにその中心にいることができる能力だと思います。前に立ってペラペラと流暢にしゃべるのではないということかな。

石黒　僕としてはそうだけれども、やっぱりそこは人によって認識が違うというのもありますよね。

ことばの教室

南　ことばの教室で働いていて、いつも思うことがあります。ことばの教室の先生自体が勘違いをしていて、人前で話せるようになること、それから社会に適応できることを求めている先生が結構多いんですね。コミュニケーションは双方がいて成立するんだから、私がどもっても相手に受けとめてもらえれば成立する。相手が私の言うことを理解してくれなかったら、「私がどもっていても、ちゃんと聞いていてください」と言っていいと思うんです。そのようなことは誰も教えてくれなかったんです。

吃音への向きあいかたですが、吃音を受けいれながら生きていくというのがいいという考えかたもありますが、その考えかたはわかったから、違う考えかたも認めてほしいと思います。

石黒　吃音というのは、症状や環境によって多様性があるから、ひとつの考えかたで吃音を語るのは難しいですね。

南　言友会でもひとつの考えかたしか認めないぞと言ってしまったら、終わりだなと思います。そのひとつの向きあいかたに沿わない人は生きづらくなりますからね。私はいろいろな向きあいかたがあっていいんですよと伝えています。

――現実に、吃音の症状が重度の方で社会に出てこられていない人はいると思いますか。

南　ひきこもりというか、そういう人もいると思いますね。

――大人ではなく、義務教育を受けている子どもたちもですか。

南　しゃべれないですごしたり、学校へ行かないですごしたり、いろいろな人がいますね。でもそういう人は表《オモテ》には出てこないからなかなかわからないですね。うつ病と診断されることもあるし、それが吃音のせいですと言ってもなかなか信じてもらえない場合もありますね。

先日、ことばの教室に年少さん（4歳）が来ました。1回目は吃音の相談、2回目は指導をしました。1回目の最初に、「今日どうしてここに来たかわかる?」ときくと、わかっているのに「わからない」と答えるのがわかりました。

名前を言うときに「あっ、あっ」とか「おっおーっ」となるから来たのかなときくと、「うん」と言うんですね。2回目の帰りに、お母さんから「南先生は子どもと吃音のことを話していたから、私も子どもと吃音のことを隠さず話していいんだと思って、子どもと吃音の話をするようになりました。子どもはことばの教室に行って話すのが楽になったと言ってます」と言われました。そのお母さんは、吃音のある子どもには、吃音の話をしてはダメと言うアドバイスを受けていたんですね。

石黒　そのようなアドバイスをする方は、今でもおられるんですか。

南　多いです。支える側でいうと、吃音を拒否的、あるいは矯正というなおすことを前提にかかわることは、その人の存在を否定することにつながる可能性もあります。私が担当したその子にとっても、お母さんにとっても、吃音のことを話せてよかったんです。たぶん、石黒さんや私の親も吃音を否定しなかったんだと思います。

石黒　僕の記憶のなかでは、面と向かって否定をされたことはないですね。

南　心配してくれたんだよね。

石黒　そうですね。心配ぐらいと思います。

南　心配してさ、ことばの教室に連れて行くんだよね。

石黒　そうです。

南　だけど、なんで行くかという理由は説明しないわけ。僕はなんで行かされるかと思ったね。

石黒　僕の場合は中学生だったんで、詳しく説明されないまま小学校のことばの教室に行きましたね（笑）。

南　子どもから大人までのライフサイクルというのがあるでしょ。それによって必要な支援も違うと思うんですね。支援をする側が、その場というかその時点でのアドバイスしかしないし、その先のことまで考えが及ばないで支援をする場合もあります。ある意味では無責任だと思いますね。自然回復率が70%だから、小学校に入るまでにはなおりますよとか言われても、あとの30%の当事者はどうするんだと思います。当事者にとっては、なおるかなおらないかの二者択一なんですよね。

支援する側は、このさき、30%の当事者はどうなるのか、なにを求めて行くのかを考えてほしいですね。

なにかできること

――最後にストレートな質問になりますが、飯山さんがあのようになる前に、なにかできることはあったと思いますか。私はできないというか、その人の34年間の生きかたなので、その生きかたに対して、生意気な言いかたになりますが「支援」はできないと思っています。

子どもにはいつのまにか育んでできあがった、弱いとか強いを超えた個性があると思うんです。その個性をもちながらも、むこうがわへいこうとするかしないか、その境目はなんだろうといつも考えます。なにかできたと思いますか。

石黒　僕もできなかったと思います。彼が僕に見せてきた姿から、吃音のことで深く悩んでいることは、やっぱりわからなかったし、わかっていたらちょっとは励ましたりできたかもしれません。でも仕事上の悩みが大きかったとしたら、その仕事に対してアドバイスもできるわけじゃないですしね。だから、なにかできることは難しかったと思います。

藤井　飯山さんは悩んでいるという状況を見せてこない人だったので、僕らがなにかできたかというと、できなかったんだろうなと思います。飯山さんのなかに、「吃音があっても頑張る自分」という自己像をもち続けたかったんだろうなと、今日の話を聞きながら思っています。言友会に来るまでに、飯山さんには相当葛藤があったと思います。飯山さんの部屋を見るとわかりますが、吃音にかんすることを本やネットですごく勉強していたことがわかります。吃音があって大変なことがあっても「最後まで頑張れるんだ」という自分でありたいと思ってきたけれど、でも実際に病院で働いて、吃音があることでいろいろあったとき、自己像が崩されちゃったのかなと思うんです。死ぬか、死なないかというより、自分がこうありたい、こういうふうに生きていきたいという自分の像が崩れてしまったときに、もうそこで死ぬしかないなとポーン！っといってしまったのではないかという印象を受けてしまうんですよね。

南　そのときの自分はなにができたかというと、なにもできなかったいうのが事実です。その人が選ぶ道に、私たちは直接介入できなかった。私たちはこういう経験をしたから、仲間同士なにが必要かはなんとなくわかります。

正しく生きる必要もなければ、強く生きる必要もないと思います。、自分が困ったときに話せたり、聞けたりするという「対話」が大事だろうと思います。

小さいときから、吃音について親や誰かと話ができるのが、その人の人生そのものを助けることだと思います。僕が出会う親御さんにみんなにそれを勧めています。

子どもが親にしゃべりたいんだけれど、しゃべれないという悩みを訴えてきたときは、その子の親に「よかったね。お子さんはあなたを吃音の悩みを訴える生涯の相手として選んだんだから、それはよかったですよ」とお伝えしています。

今回はそれをできなかったなという悔やみがあるというか、痛みがあるというか、それがわれわれにはありますね。

2 家族で、飯山博己さんのことを語る

普段の飯山博己《ひろき》さんの姿を聞こうと思い、翌日、北海道言友会会長の南先生に調整していただき、ご自宅で、ご両親、お姉さん、愛犬リリィにお会いしました。

●取材日　２０１５年４月19日
父　飯山　善三（いいやま　ぜんぞう）
母　飯山　慶子（いいやま　けいこ）
姉　飯山　千恵（いいやま　ちえ）
犬　飯山　リリィ（コーギー♀）

警察官

――飯山さんを取りあげた当時の新聞記事のなかで、飯山さんは小学校のときはことばの教室に通ったけれど、吃音であまり悩まずにすごしてきたと書かれています。大学４年生から警察官の公務員試験を年齢制限の29歳まで毎年受けたけれど、結果は不採用。どうして、飯山さんは警察官になりたいと思い続けたのですか。

姉　弟はよく家の近くの裏山や原っぱに落ちている百円玉とか拾うと、近くの交番まで届けていたんですね。そ

母　のときの警察官の対応がとても明るく親切で印象に残ったんだと思います。

父　ちょうどそのころ、刑事ドラマがはやっていて、警察官があこがれの職業だったかもしれないですね。

警察官の採用試験については1次の筆記は必ず合格するので、大丈夫かなと思ったんですが、2次の面接がいつもダメでした。

姉　博己の吃音は難発で、家庭では少しつまってしゃべることはあっても、外でそこまでしゃべれてなかったとは知らなかったです。

母　私も博己の吃音のことはわかっていましたが、外ではなんとかやっていると思っていました。

姉　博己は警察官の面接試験で吃音でうまくいかなかったことは1度も言わなかったですね。

母　ことばの教室の先生に、大人の吃音を相談できる場所はあるか問い合わせをしたことはありますが、わからないと言われました。ポイントは中学校にあがったときだったのかな。そのころであれば、つまることばをほかのことばで言いかえるコツをつかんだり、逆にどもってもいいんだと、吃音の見方を変えたりできたのかなと思います。

吃音があってこのようなことが起こったけれど、知り合いの人たちからは「博己君の吃音はひどくなかったでしょ」と言われました。博己が小学校2年生のときに一緒に剣道をやっている友だちにからかわれたとき、「笑いたい人には笑わせておきなさい」と言いながらも、剣道の先生に配慮をお願いしたことがあります。それからはからかわれることもなく、大人になっても輪の中心にいて友だちも多かったですね。大学を卒業後は、警察官を志しながら近所のオモチャ屋さんでアルバイトをしていました。子どもが好きで楽しそうだったけど、不足したオモチャの電話注文は「ちょっと、大変なんだよ」とは言ってましたね。

姉　そのオモチャ屋さんが閉鎖することになり、博己も私たちと相談をして看護師を目指すことになり、看護学校を受験することに決めました。K市にある看護学校には社会人枠があり、もちろん面接もありましたが、少しリラックスして話せたようで、なんとか合格することができました。

看護学校

母　そのときは、博己に「よかったね、将来に少し光が差して来たね」と言いました。看護学校（3年制）は家から遠いので、博己はアパートでひとり暮らしになりました。入学してから成績もよく、1年生で特待生となり、学業は順調だったようです。学科の勉強のときは10歳くらい年下の学生たちが「飯山さん、教えて」となかよくやっていたようです。

でも、2年生の後期の実習からは、吃音で苦労していたようです。病院での看護実習が始まるからなんです。そのときも、今回と同じで吃音で苦しかったことは、友だちに言ってないんです。

――私も言わないと思います。

母　え、言わないんですか。

――われわれもそうだと思いますが、仕事でいやなことがあっても家では言わないし、言えないですよね。特に博己さんのようにひとり住まいになると余計に家族にも言いにくくなりますよね。

母　テレビ電話やスカイプとか使えば、博己の様子もわかったのになあと、あとから気がつきましたね。

姉　私も母と同じで、そのときは大変だけどなんとかやっていると思っていましたね。

――看護実習は、厳しいんですか。

姉　博己が実習で担当する患者さんが、末期ガンの90代の男性患者さんだったようです。2年生の実習で担当するにはちょっと重すぎる患者さんだと思うんですが、それは実習する学生が決めることはできないですよね。

母　結局、その実習はうまくいかなくて2年生の冬に留年が決まってしまいました。
私はもうやめてもいいと思いました。あとからいろいろ聞いたら、厳しいというより誤解もあったみたいです。実習の学生が集まって報告をかねた反省会をするとき、博己は全然ことばが出なかったそうです。そのとき、男性の看護師長から「普段は話せるのに、今は、どうして話ができないんだ。君みたいな人は将来看護師になってもすぐに辞めてしまうよ」と言われ、看護学校の先生からは、「吃音って、なおらないの？」「飯山君は失敗して困っているときに、いろんなことを相談に来ない」と言われたようです。

姉　留年はしたけれど、本人の意志もあり努力の結果、3年生の実習をクリアし看護学校を卒業することができました。

――自分の立場や年令的なことを考えたら、「吃音」に関する相談は、学校や実習先の病院の先生にしたくなかったかもしれませんね。

吃音について

――お話をうかがっていると、博己さんは大学生までは日常の生活は普通であったけれど、警察官の面接試験、看護学校の実習という改まった場で、吃音が大きな壁であったような気がします。ご家族で「吃音」というものはどのようなものだと思われてきましたか。

母　私は吃音は知っていたんだけれど、吃音が3種類あることはわからなかったですね。今になって考えると「おとうさん、おかあさん」と言っていたのが、ある日から「とうさん」「かあさん」に変わって、それが子どもの成長と思っていたけど、もしかしたらだんだんと「お」が言いにくくなったかもしれませんね。
博己が子どものころは、私は学校の役員をやり、先生ともコンタクトをとってきました。父母会では博己の吃音を伝え、お子さんが家庭で「飯山君のしゃべりかたが、ヘンだね」と言ってきたら、配慮をお願いしたいことも伝えました。小中学校はフォローできましたが、高校生になってからは「もう、いいかな」と思い、なにもしていませんね。

——いままでに、博己さんがとてもことばがつまっているのを、見たことはありますか。

母　話をしていて、たまにつまることはあったけれど、改まってしゃべっているのを見たことがないから、博己がことばに長い間《あいだ》つまるという「吃音」は見てないかもしれませんね。

父　家族で改まることって、なかなかないからね。

母　久しぶりに親せきの家に行って、おじさんやおばさんと挨拶をするときは、少し改まるかな。

姉　そのときに、博己はいつもよりつまっていて調子が悪いのかなと思ったことがあります。

母　ちょっと敬語も使わなきゃならないし、確かにいつもより博己もつまっていたね。

——いつもよりことばがつまった場合でも博己さんは、「今日はちょっと調子が悪い」と、言いますか。

姉　絶対、言わないですね。

母　看護学校を留年したとき、博己に「大変じゃなかったの」「つらいことはなかったの」ときいたことがあります。「なんもない、友だちにも恵まれているし」と言っていましたね。

就活、そして看護師

——博己さんは看護学校を卒業するとき、就活は大変そうでしたか。

母　就活の会場ブースで、看護学校時代に講師で来ていた女性の看護部長さんがいて、「吃音があっても大丈夫だから、うちの病院を受けてみないか」と誘われたそうです。看護部長さんの病院はB市にある急性期の循環器系の中規模A病院でした。後日、面接で吃音のことも話して、無事に採用されました。

――よかったですね。

母　はい、ただ、看護学校では急性期でない他の病院も勧めたらしいんですけど、看護部長さんを信頼していたため、ほかの病院は受けなかったようです。博己は頑固なところもありますからね。その後、看護部長さんがA病院を辞めたことを知り、博己はとても不安がっていましたが、入職がせまっており、A病院の近くのアパートに引っ越して、春から勤めはじめました。

父　「いままで世話になったから。仕送りもする」とも言ってくれたね。

母　巨人の大ファンだったのでファンクラブに入り、巨人が札幌ドームに来たときは応援に行って社会人生活をそれなりに楽しんでいると思いました。A病院では吃音のことは最初に伝えて働きはじめたので、ことばにかんしては悩むことはないと思っていました。ただ、急性期の病院で看護師として勤めるんだから、はじめの1年は大変だと想像していました。新人歓迎会では博己の発案でゴールデンボンバーの曲を歌ったそうです。

――就職をしてから、何度くらい、博己さんと会ったんですか。

母　この家とB市の博己のアパートで、7回くらいかな。博己のアパートで会うときはいっぱいオカズを作って持って行きました。

姉　私には吃音の重い軽いはわかりませんが、弟は外では苦労をしているほうだったんじゃないかと思いました。看護師として働くまで、弟は人格否定をされたり、きつく言われる経験もあまりなかったと思います。

母　自分のいいところは、やさしいところで、悪いところは、やさしすぎるところって言っていたね。どもってでも、言い返せるような性格なら、ちょっと違っていたかもね。

父　注意されて黙っていたら、落ちこんでいないと思われてしまうしね。

姉　前日に病院でいろいろなことをガンガン言われると、女性の新人の看護師の場合は翌日シュンっとなって病院にくるけれど、弟はケロッとしていたようですが、本当はやっと自分を奮い立たせて仕事に行っていたと思うんですよね。

――生意気というか、反省をしていないと思われがちになりますね。

母　博己は患者さんと話す雑談は大丈夫だけれど、プリントを見ながら病状を説明することばは、なかなか出ないと言ってましたね。

――「病状」は言いかえのことばが、簡単には思いつかないし、言いかえのことばがないかもしれませんしね。

言友会

――お姉さんは、2012年6月におこなわれた吃音講習会で、博己さんが発表する姿を見たと思いますが、しゃべりかたはどうでしたか。

姉　いままで成人の吃音の方とお会いすることはなかったのですが、正直、弟の吃音は重いなあと思いました。

――難発の具合がですか。

姉　はい、言友会のほかの方々より、弟のほうが、よくつまるなあと思いました。弟の吃音が重くないと思っていた私たち家族は、ほかの人と比べたことがなくて、わからなかっただけなのかなと思いました。

――お父さんは、博己さんの発表をどう思いましたか。

父　家とは全然違うなと思ったね。

母　誰かに電話をするときと同じで、ことばが出ていなかったね。

父　雑談は大丈夫なのに、なにか、ここという大事なときにつまっちゃうのかなぁ。

生きてきたこと

母　私は息子が頑張って生きてきたことを知ってほしいと思います。息子の最後はおだやかな表情でした。私は覚えていませんが、「ヒロちゃん楽になったかい」と私が語りかけたそうです。生きているときに、「つらいんだ」と言ってほしかった。パソコンに「生きていても人様《ひとさま》に迷惑をかけるだけ」「誰も悪くない。自分の心が弱いだけ。すべてから逃げ出します」というメモがあったけど、誰にも迷惑をかけていないよと私は思います。私の自慢の息子だったんです。私は頑張っても頑張りきれないときは、今でも誰もいないとき博己の写真を見ては、泣くときもあります。本人にとって吃音というものが、生きるうえで大変だったことが想像できませんでした。言友会の仲間にも、看護師の仕事が大変なことを言わなかったのは、吃音があっても一人前の看護師になれることをみんなに示したかったのかなと思いました。そんないい格好しなくてよいのにね。

――博己さんにとっては、いい格好ではなく普通の作業であったかもしれませんね。その普通の作業ができなかった、ジレンマというかくやしさはとてもわかります。

父　言友会の石黒さんと会社の上司との関係がうらやましいね。トップダウンで社内に吃音の理解が深まるしね。博己は病院に勤めた最初の自己紹介のとき、「私には吃音があります。長い目で見てください」と挨拶をしてるのに、どうしてうまくいかなかったのかなあ。

母　家では吃音のことを言わないから、私たちもわからないし。でも、言友会にも入って吃音の仲間にも出会えたのに、「なんで?」と思うんですよね。そして、私たち家族もいるのに「なんで言えなかったの?」と思うし、私が落ちこむ原因ですね。

――(亡くなる)10日前にも会われているし、なかのいい家族だから余計にそう思いますよね。

母　どこかに言いづらい気持ちがあったのかな。私は何回か博己に謝ったことがあります。就活がダメだったとき、「ごめんね……ちゃんと不自由なく産んでたら、また、違ったかもわかんないね」と。いまでは、謝られたことも本人にとってはプレッシャーだったのかなと思います。

――親だからそこまで考えてしまいますよね。

母　博己は「まったく、自分を知らないところで、自分を知らない人と話したい」と言ったことがありますね。つまるかどうか、どんなふうに話ができるか知りたかったんでしょうね。

父　男女問わず友だちは多くて、博己のアパートにもよく遊びに来ていたし、彼女がいたこともあったし、吃音がきっかけで翌日からひきこもるタイプでもなかったので、いままで、あまり心配することもなかったんですね。

姉　人を批判しないし、根がまじめだから、看護師の仕事も頑張って、頑張って、頑張りすぎたのかなあ。

3　友人と家族で、博己さんのことを語る

飯山博己《ひろき》さんの話をご家族から聞いた後、大学の友人である依子《よりこ》さんに合流してもらいました。ご家族と一緒に博己さんのことをうかがいました。

●取材日　2015年4月19日

父　飯山　善三（いいやま　ぜんぞう）
母　飯山　慶子（いいやま　けいこ）
姉　飯山　千恵（いいやま　ちえ）
犬　飯山　リリィ（コーギー♀）
友人　依子さん（よりこさん　博己さんの大学の友人）

大学入学

――大学に入学をしたころ、飯山さんは吃音のことを友だちに伝えていましたか。

依子　はい、飯山君は自己紹介のときに軽いノリで「ことばがつまるときがあるけれど、笑わないでくださいね」と言っていました。ことばを出しづらいときは「あー」とか「え〜と」とかをはさんで話していたし、それで

も緊張していると「……ウッウウッ、これが」というような感じでした。

――飯山さんはどのようなときに緊張してことばがつまっていましたか。

依子　たとえば、ゼミで先生にあてられるとか、スピーチをしなきゃいけないとか、面接とか、人前で自分が注目されるときが緊張のピークなんだろうなと思いました。

――休憩時間とかはどうでしたか。

依子　言いたい気持ちが先走っているときは、つまっていたような気がします。飯山君があまりにも言いたいけれど言えない場合は、こっちから「こういうこと？」とふれば、「うんうんそういうこと」みたいな感じでした。

――あまりにもつまるというケースは、よくありましたか。

依子　30秒くらいことばがつまることは、結構あったと思います。でも、友だちなんで、飯山君の吃音は気にならなかったです。ただ、言いたいことが言えなくて困ってるのかなあと思って、私たちが「こういうこと言いたいの？」「言いたいこと、こっちじゃないの？」と横やりを入れても、飯山君は別に嫌な顔をせずに「そっちとそっちのあいだ」くらいみたいな感じで答えていました（笑）。

――うらやましい関係ですね。

母　そうですね。やっぱり接する人、次第ですね。

就活での面接

――4年間の大学生活のなかで、飯山さんが吃音のことを愚痴っているのを聞いたことはありますか。

依子　あります。飯山君は就活の筆記試験は満点に近いぐらいのすごい好成績なんです。なのに、「面接で落ちちゃった」と言ってくるので、「ほら、やっぱり面接だぁ（笑）」とみんなでいじっていました（笑）。

母　そういえば、自分はいじられキャラなので、いじってくださいと言っていたけど、そういうことなんだね。

依子　飯山君はひとつのことに集中しすぎて「言わなきゃ、言わなきゃ」と思うと、ことばがつまるので、いったんそこから話題をそらしてあげて集中力を分散してあげていました。それから落ち着かせて元の話題に戻ってくれれば、「なんのはなしだっけ（笑）」となって、話しやすそうでしたよ（笑）。飯山君の大学の同級生の私とちひろ（男性）とタク（男性）は、飯山君に失礼なことをはっきり言う友だちだったんですね。警察官の公務員試験の面接に落ちたときに、「警官に向いてないんじゃない、オタクのパワーも発揮できるような、子どもとかかわる仕事のほうが楽しくていいんじゃない」と言ったこともあります。

姉　弟はマニアックなところがありますしね。

母　カードとかが好きで、説明をするのも長かったもんね（笑）。

――飯山さんは、警察官の公務員試験の面接に何度も落ちて、しょげてなかったですか。

依子　「また、落ちたぁ」「ことばが出ないんだよね」と言っていました。

母　面接でことばが出ないことは、1度も聞いたことがなかったね。

依子　男の子だからお母さんやお姉さんに言うのは嫌だったんだと思います。

母　家ではそれほどどもらないから、ことばが出ないということがわからなかったね。

姉　面接だし極度の緊張でことばがうまくは出ないと思っていましたが、まさか、まったく話ができてないとは思わなかったですね。

依子　たぶん、話ができてなかったと思います。

母　最初のころは、面接書類に吃音のことを書かないで、面接を受けていたと思いますが、その後は、書いておくように勧めましたね。

面接のアドバイスと練習

依子　私たちも吃音のことを書くように言いました。最初から吃音のことを伝えて、向いていないと言われたらそれはそれで諦めればいいし、もしかしたら警察でも違う部署なら吃音があっても大丈夫と言われる可能性もあるから弱みをさらけだして面接を受けたほうがいいよとみんなで話しました。

母　友だちからそのようなアドバイスをちゃんと受けてたのかぁ。

姉　やっぱり家族と違うね。

――でも普通だと思いますよ。そこまで困ったことは家では言えないと思いますよ。

依子　私も家では言えないと思います。

母　私たちが面接官になるから、面接の練習をしようと言ったことがあるんです。

姉　でも絶対にしなかったですね。

依子　私は、面接の練習を飯山君とやったことありますよ。

姉　え～っ！

依子　私は面接が得意だったので、「はい、入ってきて」と練習をしました。

――飯山さんはどうでしたか。

依子　カチンコチンになって（笑）。

――でもありがたいですよね。

母　そうですね。

大きな病院、小さな病院

――警察官の試験に8度チャレンジしたけれど断念して、その後、飯山さんは看護師の道を選択しますが、向いていると思いましたか。

依子　はい。面倒見もいいので職種的に向いていると思いました。責任感は強いし、負けず嫌いだし、頑固だし、キャラ的に愛されはすると思ったんですけど、ただ、就職先は大きな病院はやめてほしいと思っていました。

――気があう人、気があわない人の数が多くなるからですか。

依子　吃音のこともあるし。

母　そのことは本人に言ってくれたの。

依子　はい、B市の大きな病院だけが「偉い」わけでもないから、たとえば、江別・小樽・北広島にいっぱい医院やクリニックがあるでしょと言いました。常連の患者さんが「また、来たよ」と気軽に言ってくれるような病院のほうが、飯山君もリラックスできるような気がしたので。

母　そう言ったら本人はなんて言ったの。

依子　最初は「うーん」と考えていたけど、やっぱり大きい病院で働きたい雰囲気を醸し出していました。

――どうして、大きな病院なんですか。

姉　それは私が看護学校の事務をしているので、一般的な話として聞いたことがあるんですけれど、看護師は最初の数年間は急性期的なところで、看護の基礎力をつけてから、その後は、自分の進みたい医療分野に行くようです。弟はいずれ、小児科とか老健施設の看護師になりたかったらしいんですが、一人前になるには、循環器の分野をやりたいというのも強くあったみたいで、病院が大きいか小さいかというより、その病院に循環器があるのにひかれていたのかなと思います。

依子　それはあると思います。

看護師として

――4月から、飯山さんが大きな病院に勤めだして、どのように思いましたか。

依子　「おめでとう」と思ったけど、友だちみんなは就職先に医院やクリニックを勧めていたのに、「循環器で大丈夫かな」と思いました。

母　B市内でもそんなに大きな病院ではないんです。中核の病院なんですが、元看護部長さんからも、「循環器は吃音があっても大丈夫」と言われたからね。

依子　余計なことを。

――飯山さんは、看護師として働き出した4月から7月にかけて大学の友だちに会っていたんですかね。

依子　私はとても忙しくてそのころは会っていないです。タクは仙台、ちひろは函館にいたので会えていないと思います。私は飯山君のことを知ったときは、「だから大病院に行くなって言ったでしょ」と思いました。

母　私は訪問看護師がいいと思っていたの。「おじいちゃん、おばあちゃん、今日も来たよ」って気軽に話しかけてもいいしね。

依子　ぴったりだと思います。

母　だけど、さっき娘が言ったように、その前に技術を習得しなければなにもできないしね。

依子　お母さんの前で言うのは失礼なんですけれど、飯山君は大きな病院にこだわっていたと思います。大きい病院は経験はいっぱいできるけど、マニュアルに流されがちのような気がします。いろんな事態が起きる小さな病院のほうが、いろんな対応が求められ、いろんなことを考えなきゃダメだと思います。飯山君は面倒見がいいので、絶対、小さな病院が向いているし、大きな病院は流れ作業になるから技術とかそういう問題じゃないよとずっと言い続けていたんです。

母　責任感が強いから、いったん大きな病院に就職したら、途中で小さな病院へ行きたいとは言えなかったかもしれないね。

依子　そのことも本人に「飯山君は大きな病院に入って自分にあわないと思っても、性格的に自分から辞めると言えないんだから、大きな病院に入らないほうがいいよ」と、ずっと言っていました。

母　私たちも、「就職して、つらかったら辞めてもいいんだよ」と。

依子　辞めてもいいんだよと言っても、絶対やめる子じゃないんです。

母　依子さんは、私より、しっかりしてるね（笑）。

——そうですね（笑）。お母さんでもないし、お姉さんでもないけど、そこまで真剣に言ってもらうとありがたいですね。

依子　飯山君は入ってしまったら抜けられないので、入る前になんとかしたかったんです。入ったら、私みたいに「いやだ、ここ、もう辞めるわ」というような途中で辞めるタイプではないので。

母　たぶん、病院の上司（課長クラス）との話のなかで辞めるという話も出たんだと思うのね。でも看護部長との面談を組まれて、悩んだんじゃないかなと思うんですね。

依子　頑固なわりに、そう言われたら辞められないのかなとショボンとしちゃう子なんです。絶対入ったら抜けれないのはわかっていたので、大きな病院はやめろって、みんなで言ったんですよ。

言友会

――お姉さんは博己さん本人から7月上旬に吃音でしんどい話をきいていたわけです。そして、最近は言友会の大会にも参加され、多くの吃音のある方にも会われています。吃音というのはどのようなものだと思われますか。

姉　私にはまったく吃音がないので、本当の意味での弟の吃音の悩みというか、こんなに深く吃音に対して思っていたとはわからなかったのかな……と後悔しています。母親が弟に甘いぶん（笑）、私は弟に社会の厳しさとか伝えてきたつもりだったんです。

言友会のあつまりに行くと、吃音のあるかた方はいろんなことで傷ついたりもするけれど、吃音を抱えていることを自分自身がしっかりと受けとめ、自分だけの問題だけではなく、「今、自分はここ（言友会）にいてもいいんだ」という現状肯定の気持ちがあるのかなと思いました。弟は自分がなにかしなきゃいけないとか、家族に迷惑をかけたくないとか、自分ですべてを処理をしようとしていたのではないかと思います。

弟に言友会の仲間に仕事の悩みを相談したの？ときくと、「言友会は自分にとって癒しの場だから、仕事の話はいっさいしたくない。仕事のことは思い出したくもないから、仕事の愚痴は言いたくない」と言っていました。私は弟のことをわかっているようでわかっていなかったですね。弟は私の勝手な思いこみもイヤだったかもしれませんね。

普通の家族

――私にも姉はいますが、お姉さんと弟の関係としたら、ごくごく普通の関係だと思います。

依子　私も普通のご家族だと思います。でもだからこそ飯山君は家では弱みをださないと思います。

——今年の7月で、もうまる2年が経つんですね。

母　博己の吃音がわかったのは3歳ごろで、幼稚園の年少のころはあまりしゃべらないから、先生にも吃音はわからなかったようです。年長になったときに、ことばが不自由と言われて、ことばの教室を紹介され通うことになりました。吃音は大変だということは知っていたから、なるべく不自由がないように陰で本人を支えるようにしていたつもりでした。今になって思うと、言いたいことが言えるように、もうちょっと「イヤなことはイヤ！」と主張できるようにしてあげたらよかったかなと思います。いい子でなくてもいいんだけれど、親だからいい子を求めてしまうこともあるの。「ヒロちゃんばっかりかわいがって」と、娘からよく言われました。そうではないつもりだったんだけど、娘からそう見えたということは、きっとそうだったんでしょうね。今にして思えばやっぱり博己はかわいかった（笑）。

姉　36年目の真実だね（笑）。

母　今、博己を失って思うことは、私たちはなかのいい家族でした。

——ごく普通のですよね。

母　そう、ごく普通のね。だからこそ、いろいろなことを言ってほしかった。みんなに聞けば、悩みごとやつらいことは10人中9人は親に言わないというんだけど、私には理解できないわけ。なかがよければよいほど、こうなる前に言ってほしかった。

依子　言えないと思います。私は片親ですけれど、母親に悩みごとやつらいことは絶対言えないですね。

母親と息子

母　自分のことに置きかえれば、もしかしたら私も親に悩みごとを言わなかったかもしれない。だから、自分が親から自立しなきゃという思いが育つんでしょうね。博己になんでも言ってほしかったというのを求めるのは酷だったかもしれないけれど、やっぱり言ってほしかった。

博己の友だちが私に言ってくれた、「弱いところを見せることも勇気のいることなんだよ」「なんでも頑張りすぎない、無理しすぎない」ということばが印象に残っています。いつもひとつのことに一所懸命な子だったから、私としては博己はいくつになっても、めんこいからいろいろしてやろうと思うんだけど、この子たち（お姉さんと依子さん）にとっては「なに？」と思えるかもしれない。でもそれはしようがないの、母親と息子といえばどこの家庭でもみんなそうだから。だからと言って、姉ちゃんがめんこくないわけではないですよ（笑）。

姉　ありがとうございます（笑）。

依子　（笑）。

母　長い目でみれば、こういう結果になったんだから、博己が私でなくてもいいから、誰かに自分の弱いことをさらけ出すというか、「オレ、こうなんだよ」とひとことでも言えたら、ちょっと楽になったのかなって思います。あの子の34年間は、最期はつまずいてしまったけれど、いい友だちに恵まれて楽しくすごしていたということがわかったのが、せめてもの救いだったのかな。人生34年だったけど、いい人生だったと思いますね。これからは吃音で困っている人たちの声をすくいあげていきたいですけれど、まだまだそういう気になれないので、娘に任せています。

――もう少し充電期間が必要ですね。

母　そうですね。少しずつ前に進んでいけたらと思っています。

――お父さん、ひとことお願いします。

父　博己が就職浪人のとき、私のバイト先の仕事を1年間くらい手伝ってくれて楽しくやっていました。病院に看護師として就職をしたとき、仕事は大変なんだろうとは思っていたけれど、吃音が理解されずに、それが原因で命を落とすなんてそこまで考えてなかったですね。……やっぱり無念ですね……。

——私自身が父と吃音のことで話しあったこともないのに、聞くのもヘンな話なんですが、お父さんが博己さんと吃音のことをじっくりと話しあったことはありますか。

父　ないですね。博己にとって看護師以外にどういう職業があったのか考えたことはあります。吃音と職業はみんなで考えていかなきゃならないことかもしれませんね。

——吃音は黙っていたら、わかりませんからね。

母　本当、普通にしていたら博己は好青年だもんね（笑）。

依子（笑）。

姉　こういう感じで親バカなんです（笑）。

夕方の4時5分

——2年経ったので、少しずつ日常にもどりつつある感じもしますね。

姉　最近になってやっとですね。

母　ずっと、食べられない、眠れない……ソファのうえでウトウトしていて、お昼ごろになるとソワソワするんだよ。

父　いまでも亡くなったという連絡があった時間になると、思いだすね。

姉　私も母から連絡があった時間、夕方の4時5分になると思いだしますね。

母　そういえば博己は歌うことが好きだったよね。

依子　飯山君はX JAPAN（エックスジャパン）が好きで、カラオケではソファに片足をあげて、ゴミばこをけっとばして「ウワァーッ！」と叫んでいましたね。

姉　家族4人でカラオケへ行くと、X JAPANは曲が長いので途中で切っちゃうと怒っていましたね（笑）。

母　そうだったね。カラオケはみんな好きだったけど、お父さんは吉幾三の「酒よ」だったね。

父　博己は私の歌を取ったり、私が一番を歌ったら二番に行く前に切ったりもしたな（笑）。

母　ほんと、よく4人でカラオケに行ったね。いっぱい息子との思い出はあるね。私の誕生日のとき、急にヒロがやってきて、お世話になったねと言って、初任給で私にダイヤのネックレス、娘にはコーチのバッグ、お父さんに小銭入れを買ってきてくれました。リリィにはゴールデンウィークに来たときに骨つき肉のぬいぐるみを買ってきてくれたしね。

——お父さんとリリィが、値段がガクッとさがっているような気がしますが（笑）。

依子　ほんとですね（笑）。

父／母／姉　（笑）。

リリィへ

飯山家に朝の10時にうかがって、しつこくて拙ない取材につきあっていただき、飯山家のみなさんと依子さんの取材が終わったときは、夜の8時になってしまいました。10時間も、本当にありがとうございました。

取材のときにずっとそばにいてくれた、足が不自由だったリリィに謝ることがあります。リリィが生きているうちに本書を持って飯山家に行きたかったのですが、間に合いませんでした。ごめんね。

私の6歳上の兄である善一は、私が京都から上京して1か月後に交通事故で他界しました。26歳でした。博己さんのお話を聞きながらそのときの私の両親の気持ちを想像しました。

私の兄は今でも26歳で、博己さんはずっと34歳です。リリィはずっと15歳だね。

第5章

吃音者の就労支援をする会社

京都で大学生活を送り、２０１６年に内定していた数社の会社を断り、名古屋にある小さなＮＰＯ法人の会社に就職をした吃音のある宮脇愛実さん。

その小さな会社は、吃音者の就労支援をする会社です。吃音がある方々の就職活動の現実を、就労支援の視点から「吃音」を見つめることも大切かと思い、宮脇さん自身の就活体験も紹介してもらいながら、就労支援の内容とはどのようなものか寄稿していただきました。

後日、お会いしましたが、吃音者目線で貪欲に就労支援の「スキル」を求めようとする宮脇さんの姿勢というか生きかたを取材していると、私は、「吃音のある宮脇さん」を取材したのではなくて、社会人２年生の「宮脇さん」に出会ったと思うようになりました。

この章の最後は、「障害者手帳」の話です。私自身が勉強不足で意見が言える立場にありませんが、「声」だけでも紹介しておきたいと思いました。

支援する側、取得する側、臨床する側というそれぞれの立場の「声」をお聞きしました。

「どーもわーく」に入社するまで

宮脇　愛実（みやわき　まなみ）23歳（仕事　会社員）
●取材日　2017年3月17日
●東京都在住（広島県出身）
●趣味　買い物　旅行
●好きな歌　一休さん（水曜日のカンパネラ）
●好きなミュージシャン　クリープハイプ
●好きな著名人　高橋一生

私の就職活動

2016年の春から「NPO法人　吃音とともに就労を支援する会（どーもわーく）」（※11）に勤務することになった宮脇愛実です。私の就活体験から今日までを振り返り、入社した経緯をお話しします。

私は5歳ころから吃音があり、物心ついたときから話しづらさを感じていたのを覚えています。本読みや人前の発表、日常会話など苦労した経験は何度もありますが、それでもなるべく吃音を意識しないように生活をしていました。

そんな私が大きくつまずいたのは大学時代の就職活動です。そのときほど吃音に悩み、「自分自身・吃音・将来」

に向きあったことはありませんでした。そして、吃音のある自分が社会で働いている姿を想像できないまま、就職活動をスタートすることになりました。

私は、以前から吃音をもちながら就職活動することに大きな不安がありました。面接のとき、第1声が出ない、流暢に話せない、すぐつっかえるなど、面接官にマイナスの印象を与えてしまうのではと心配だったからです。そこで大学の進路課やハローワークをはじめとする就職支援機関で相談や面接練習をすることで、少しでも悩みが解決できるのではと思い何度も足を運びました。

就活のときは、吃音を隠しなさい

しかし、先生や支援員は皆口をそろえて「吃音を隠しなさい。企業側に与えるマイナスイメージは少しでも減らさなければならないよ」「わざわざ吃音と言わなくても大丈夫。だって今、普通にしゃべれているじゃない、気にしすぎだよ」「緊張しなくてもいい、ゆっくり落ち着いて話してごらん」など、吃音を隠すように言われました。吃音が就職活動に影響すると頭ではわかっていましたが、改めて「吃音がある人は社会には役に立たない」と否定されたような気持ちになりました。それでも吃音を理由にあきらめたくなかったため、あえて話す仕事や人と交流の多い仕事がしたいと営業を志望し、吃音を隠しながら就職活動をしました。

しかし、ひとつ、ひとつ選考が進むなか、「面接」という大きな壁にぶち当たります。私は吃音であることを割り切り、明るく元気に見えるように心がけていましたが、どれだけ明るくふるまっても最初の第1声が出ない、スムーズな会話ができない、すぐにつっかえるような吃音の症状が出ると不安な表情、態度になってしまい、なかなか内定までたどり着けませんでした。もっと視野を広げて業種や職種を変えてみようと考えますが、面接でつまずく日々はなにひとつ変わりませんでした。

そんな吃音を隠しながらの就職活動が当たり前になってきたころ、奈良で開催された吃音のある人の就労セミナーに参加しました。私はそこで、「吃音をカミングアウトする」という就職活動に出会いました。内定はゴールではなく、本当のスタートは就職後であること、たとえ、吃音を隠して就職できたとしても、周囲の理解もない環境で働き続けることの難しさを痛感しました。

その後、セミナーのパネリストの方と何度かお話をする機会があり、改めて、いままで吃音の自分から逃げていたことを自覚しました。私の就職活動は、まさに自分自身でありのままの「私」を否定し、その苦しさまで見て見ないふりをしていたのです。そして、自分を否定し続けながらこれからの人生を生きていくのではなく、引き受けたうえで、なにができるのか、なにをしたいのかを考えました。一番に頭に浮かんだのは、「やはり、私は吃音をもって生まれたのだから、私と同じようにハンディがある方のために力を尽くしたい」という思いでした。

吃音者を支援する活動

吃音も私の一部であり、そんな私がしたい仕事、なりたい将来像を考え直して再び就職活動を始めました。以前と大きな違いは、面接で「吃音の私だからこそ働く意味がある」と志望理由を言えるようになったことです。結果、数社から内定をもらうことができました。振り返ると、吃音があることをプラスに考えて自己PRや志望理由に加えたり、なるべく明るく元気にふるまうよう心がけたことが結果に結びついたように思います。つまり、ただ「吃音です」と一方的にカミングアウトするのではなく、「吃音があるからこそ、○○を頑張ってきた、○○業界に興味をもった」など、自己PRにつなげる「伝えかた」の工夫をしました。大切なのは、吃音のカミングアウトを「する」「しない」ではなく、そのさき、自分がどうあるかを相手に伝えることだと思うようになりました。

しかしその後、内定先に返事をする決断がなかなかできず、悩み続けてしまいます。それは、今までの自分の経験から「吃音者の就職活動の支援がしたい」という新たな目標が生まれたからでした。自身の「吃音を隠した就職活動」、「吃音をカミングアウトした就職活動」、それぞれを経験したからこそハンディをもちながら就職活動をおこなう難しさを痛感し、一人ひとりに適した多様な支援方法の必要性も強く感じました。

また、奈良のセミナーに参加していた企業をはじめ、双方が理解し合い、障害があってもいきいきと働ける環境や企業があることを知ったときの安心感は今でも忘れられません。「どうせハンディがあるから」と就職活動にくじけそうになったとき、もう少し頑張ってみようかなと背中を押してもらいました。私は、この「ほっ」とした安心感をより多くの方に抱いてほしいし、誰でも将来の夢を自由に思い描けるように、吃音者を支援する活動をおこなっていくべきだと思いました。

この新たな目標を実現したいと思っていたとき、「どーもわーく」の代表の竹内俊充さんと出会いました。ともに同じ目標を見据えている竹内さんのもとで吃音者の就労支援を成功させたいと思い、入社を決意しました。

さまざまな吃音者

現在、「どーもわーく」に入って1年近く経ちます。まだまだ十分な支援をおこなえているとは言えない未熟な法人ですが、東京に事務所を移転し、法人の土台作り・周知活動・相談業務などの活動をしてきました。この1年を通して「どーもわーく」や「うぃーすたプロジェクト」(※12)で次のようなさまざまな吃音者の方々と出会いました。

・「理解」や「配慮」を求めている人
・「改善」を求めている人
・吃音をばねに前向きに取り組む人

・吃音だからとなにもかもあきらめる人

そのなかでも、特に

・吃音を理解してくれる会社に就職したい人

が多かったように思います。

また、「吃音をカミングアウトしづらい」、「電話対応を免除してもらいたいが言いづらい」といった声や、軽度の方の場合は、吃音であることをカミングアウトしても「私もよくあるよ。ゆっくり話せば大丈夫」「それ、吃音じゃないよ」となかなか理解してもらえないなどの声がありました。

これは、吃音の認知度の低さや非吃音者がつまる症状との線引きがわかりづらいことなどが原因のひとつではないかと考えています。また、事例が少なく企業側は吃音ということばは知っていても、実際にどのような対応をしたらよいかわからないかもしれません。

吃音者自身も、どのようなときに吃音の症状がよく出るか、どのような配慮をしてほしいか具体的に説明できないときがあります。また、一方的に配慮のみを求めるのではなく、吃音があってもこれはできる（得意）が、あれはできない（苦手）をはっきり伝え、苦手だけれどもそれに代わる（吃音を補う）、できることを示すことが重要だと思います。また、当事者視点だけではなく、企業視点に立ってみることも大切です。

もちろん、吃音者だからといって必ずしも配慮を求めている方たちばかりではありません。知っていてもらえるだけで十分という方もいます。つまり、「吃音だからといって、無理に人と違った対応をとらず、皆と同じ内容の仕事を与えてほしい」「特別扱いしてほしくない」という方々の存在も忘れないようにしています。

あなたにとって「吃音とは?」

「吃音を理解してもらえる環境でなら働けるかも」と、少しでも働く意欲やきっかけをもつことがまずは重要ではないでしょうか。そしてその働きたい気持ちを応援する、背中を押してあげる存在に私はなりたいです。また、学生は吃音をもつ様々な社会人と交流することによって将来のロールモデルを抱きやすかったり、漠然とした将来への不安が少しでも解消するきっかけになると思います。同時に吃音症状があっても明るく前向きに頑張っている方、その一方で症状が軽くても後ろ向きな方など吃音症状の重さと悩みの重さは必ずしも比例しないことを知ってほしいです。

たとえ吃音があっても、その人自身を形作るのは吃音ではありません。あなた自身です。もっと多くのいろいろな吃音者と出会ってください、そして話をしてみてください。

あなたにとって「吃音とは?」と、いまいちど、自分自身と向きあうきっかけになるかもしれません。

＊　＊　＊

「どーもわーく」事務所にて

後日、宮脇さんの話をもう少しうかがいたいと思い、東京にある「どーもわーく」の事務所でお会いしました。

自己分析シート

――吃音が、テレビ、映画、コミックなどで取りあげられることが多くなりましたが、世のなかの人は吃音のことをなにも知らないと思って、ていねいに説明したほうがいいと思います。いかがですか。

宮脇　そうですね。現在でも、「吃音」という漢字や読みかたすらわからない人も多いと思います。

――企業をまわってみて、吃音はどれくらい知られていると感じましたか。

宮脇　「吃音」ということばを知っている、知らないというレベルでいうと半々ですね。ああわかるという企業の担当者の方も、詳しくはご存知ではないですね。吃音ということばを知っていて、症状なども理解をしている方は少ないと思います。

話はかわりますが、私は大学生のとき、就活のセミナーで自己分析シートを書く機会がありました。その内容は、0歳から22歳まで吃音でマイナスだったこと、プラスだったことを真ん中《まなか》に線を引いて書き出すというものでした。

改めて客観的に見ると、マイナスの欄がとても多くて「たくさん苦しんできて気の毒だな」「22年間なにをやってきたんだろう、私の人生、もったいないな」と思ったので、これからは自分のことを大切にして、プラスがいっぱいになるようもっと楽しく自分の人生をしてあげようと決めました。

それから、考えかたがちょっとずつ変わりましたね。経済的なリスクもあるんですが、もっと、楽しく好きなことをやろうと思いました。「好きなことをやらせてくれ!」ですかね（笑）。

――でも、選択した仕事は人のためですね。

宮脇　はい、そうです。人のために経験したスキルは、結局は私の成長のためのスキルなんでしょうね（笑）。

――就活については、ご両親の反応はいかがでしたか。

宮脇　母親は、若いころは家が貧しく将来自分のやりたいことすら思い描けなかったので、応援してくれています。

――お父さんは。

宮脇　父親は正反対の人で「内定もらっとるんじゃけ、安定した環境で働けるのに、なんでそんな稼げんとこに就職するんじゃ。考えなおしんさい」という感じでしたが（笑）、母親が説得してくれました。

――親ってどちらかが反対したら、もう一方は賛成してくれてありがたいですね。

宮脇　そうですね。私のモットーは「後悔しないこと」です。あと、あの自己分析シートは、もちろんプラスもちょっとはあったんですよ（笑）。

障害者手帳について　その1（「どーもわーく」の場合）

「どーもわーく」に、障害者手帳の取得の問い合わせが相談者からあった場合は、どのような対応をしているかお聞きしました。

宮脇　「手帳」のことを事務的に情報としてわかりやすく説明するとすれば、

まず、手帳を取得する目的とメリット・デメリット、働くうえでゆずれないもの、将来のビジョンを整理する必要があると思います。吃音の程度に関係なく、一般枠・障害者枠で働いている方はそれぞれいらっしゃいますので、相談者の方にとって働くうえでゆずれないもの、目的によって選択がわかれるかと思います。

たとえば、働くうえで一番ゆずれないものが「吃音によるストレスを軽減したい（吃音に対して配慮してほしい）」のであれば、会社から特別な配慮が得られたり、上司や同僚などからの理解も得やすい障害者雇用枠が適切である可能性が高いと言えます。

ただ、ゆずれないもの、目的が「昇進・昇給をして多くのお金を稼ぐこと」であれば、障害者枠の「昇進や待遇面で一般のルートから外れる可能性がある」という懸念点から、もういちど、検討しなおしたほうがよいかもしれません。ただここで述べている懸念点とは、あくまでも障害者雇用の平均給与などを参考にした場合であって、障害の内容や程度、ご本人のスキルと企業の評価や人事制度によっては様々であることから一概にはいえないのでご注意ください。第1ステップとして、まずはご自身の働くうえでゆずれないもの、目的、将来のビジョンなどをしっかりとお考えのうえ、次の手帳のメリット・デメリットを参考にしてください。

（※記載例はあくまで1例です。個人によって差があります）

【メリット】

・所得税・住民税・自動車税など税の控除
・博物館や美術館、映画館など公共料金の免除
・公共交通機関の運賃減免
・障害者雇用での応募が可能

＊控除項目は各発行自治体によって異なります

【デメリット】

・手帳を取得すること、障害者と認定されることへの抵抗感、周囲からの理解が得られないといった心的ストレス
・障害者雇用の場合、昇進や待遇面で一般のルートから外れる可能性

＊あくまでも障害者雇用の平均給与などを参考にした場合。一概にはいえないのでご注意ください

・手帳取得までの期間が長い

＊障害者手帳の申請に必要な診断書は、初診日から6か月を経過した日以後の日に作成され、作成日が申請日から3か月以内のものでなくてはなりません。そのため、初診から6か月、そして申請から交付まで約

1～2か月の合計約8か月かかる可能性があります
・手帳の更新手続きがある
＊有効期間は、申請受理日から2年間（2年後の月末まで）で、更新を希望する方は、更新申請の手続きをおこなう必要があります

宮脇　このような情報提供の前に、「どーもわーく」では、次のような対応をこころがけています。

相談者の方が本当に求めていることを、ていねいに確認するところから始めます。ひょっとしたら、論理的で具体的な問題解決よりも、今の不安な気持ちを誰かに聞いてほしいという情緒的な思いが強いかもしれないからです。

つまり、手帳の情報をお伝えするのは次回以降にして、相談者の方の不安を認めてあげて、安心感を与えられるお返事をするようにしています。不安などの感情に圧倒されていて、将来のことを前向きに考えられる状態にない可能性もあると思いますので、まずは、「（相談者の方が）苦労されていることを、こちらは受けいれている」ということをお伝えし、具体的な状態を確認しながらのアドバイスをしています。

障害者手帳について　その2（田中麻未の場合）

実際に手帳を取得された女性のことばを紹介します。

2009年、小さな地方都市で吃音者の集まりがあり、私が自主制作をした吃音のドキュメンタリー映像の試写の機会を与えていただきました。その集まりでおふたりとも吃音である田中さんご夫妻にお会いしました。2016年、奥さんの麻未さん（40代）が障害者手帳を取得されました。その経緯をメールと電話で教えていただきました。

田中　麻未（たなか　まみ）40代（主婦）

●取材日　2017年7月7日
●趣味　音楽鑑賞
●好きな歌　One Love（嵐）
●好きなミュージシャン　宇多田ヒカル、椎《シイ》名《ナ》林《リン》檎《ゴ》
●好きな著名人　宮沢賢治

麻未　私は話し始めた2歳のころから、吃音の症状があったようです。自分では10歳ころに、声が出しにくいと感じました。授業のはじめの号令かけ（起立、礼、着席、これから授業を始めます）で声が出ず、小学校から高校までクラス全員を立たせたままにして、みんなの不思議そうな視線を感じたことを覚えています。自分の名前も言いにくいので新しい学年になったときの自己紹介は、名前の最初のことばをくり返してしまうことがありました。それを同級生がものまねをして教室中が大笑いになったことがあり、悲しかったです。

　また、私が授業中に答えるときに、「おおおお……」と、私の自己紹介のときの吃音のものまねをされたことが何度もありました。当時は障害という認識もなく自分は障害者だとわからず、私にとって吃音は得体の知れないもので、なぜ、自分がこういう話しかたになるのか、なぜ、声が出にくいのかと悩んでいました。あのときの吃音のものまねをされたことは一生忘れません。

　吃音が出ると息を吸うことができなくなったり、なんとか声を出そうと手や足を動かすこともありました。朝の出欠確認で「はい」と返事をするときは、こぶしで背中をたたいて勢いで声を出したりして、それを同級生たちに見られないようにしていました。

最初のことばが出ないため、学校では1日中話さない日も多くあり、クラスでういている存在でした。吃音をおそれて人と話せないため、学校ではさびしさに耐えきれませんでした。10代の情緒が育つ大事な時期に、健全な人間関係を築《きず》けなかったため、就職してからも人との距離感をつかめずに困りました。

20歳で就職（精密機械部品の工場）してからは、挨拶、申し送り、内線電話を使った場内への連絡放送ができず、担当者を探しまわるという手間のかかることをしていました。あいかわらず、話すことの不自由さを感じていたし、吃音が出ると会話が途中で中断することも多くなにを言っているのかわからないと言われました。社会人になり約20年が経ちますが、20代のころから、健常者としてこのまま働いていくことは相当むずかしいと感じていて、吃音症で精神障害者保健福祉手帳（以下「障害者手帳」と称する）を取得して障害者の枠で働きたいという思いがありました。

そして、私が参加している「言友会」（※7）の情報で、吃音症が障害者手帳を取得できる症状であることを知り、吃音を診ている病院で診察を受け、診断書を受け取りました。その診断書をもって市役所の障害福祉課に行き、数か月後、障害者と認められ障害者手帳を受け取ることができました。初めて病院に行ってから障害者手帳が交付されるまで、1年2か月ぐらいかかりました。

これでもう変わっている人と言われたり、人から避けられることはなくなると思いました。子どものころからずっと身体についていた「重いおもり」が取れたような、心底ほっとした気持ちです。

吃音症で障害者手帳を取得してから1年が経ちました。現在の私の吃音の症状はよくも悪くもない状態です。吃音であることを周囲に伝えている人や、つきあいが長い人の前では私の吃音は出にくいです。いまでも予期せぬときに吃音が出て戸惑うこともありますが、気持ちは安定しています。

個人的な意見ですが、これから吃音症で障害者手帳の取得を考えている方は、吃音があることで仕事や日常生活で不利益や不自由さを感じ、障害者手帳を取得することで周囲から吃音を理解してもらえるかもと思っているなら、取得したほうがよいと思います。

私は取得をして本来の自分の姿でのびのびと生活ができています。自分が障害者手帳を取得していることは周囲には言いにくいですが、伝える必要があるときには、「私には吃音があり、障害者手帳を持っています」と言えたらと思っています。

障害者手帳について　その3〔岡部健一〔旭荘南愛媛病院（※13）院長〕内科医師の場合〕

吃音相談外来をはじめた内科医師のことばを紹介して、この章をしめくくります。

吃音相談外来と就労支援——内科医師による障害者手帳の交付——

「〇月〇日に精神障害者保健福祉手帳を〇〇市役所に行き受け取ってきました。県から発行されました。手帳をもったことで気持ちが相当晴れました。今、ハローワークで障害者求人での仕事を探しています。一般の求人で就職活動しているときには面接や入社後に吃音があることで起きる悪いことを想像していましたが、今は自信をもって面接や仕事に向かえる気がしています。」

昨年3月に障害者手帳交付を目的に遠くから吃音相談に来られた20歳代の男性からうれしいお礼のメールが来た。パートで仕事をしていたが挨拶や報告でひどくどもり、仕事を続けられなかったとのこと。彼の社会生活上で起こっている困難な状況を聞きとり、手帳用の診断書に詳しく記載して渡した。病名は「吃音症」。これを市役所に持っていって申請したところすんなり受付をとおり、3級の認定がされた。

吃音症で障害者手帳がとれないことで裁判になっている事例が新聞報道されていたので、あっさり取得できたのは意外でもあった。自治体によって差があるのかもしれないが、診断書を書く医師が非常に少ないのが原因と思っている。

一昨年8月から全国でも珍しい吃音相談外来を始めて約2年、愛媛新聞に掲載されたこともあって相談件数も40件を超えて手ごたえを感じている。年齢層は3歳から40歳と幅が広く、症状や悩みの程度も個人差が大きい。話す相手や環境によって症状が大きく変化することに加えて、個人でも日によって症状が変化するため、きわめて厄介な障害である。

障害者のレッテルを張られるのは嫌だという人もいるが、就職が一番のハードルなので症状の重い人にとっては障害者枠での採用の道があることはありがたい。給与については原則として健常者と差別してはいけないことになっているものの、個人の能力の差はあるので事業所ごとに対応が異なるようである。

吃音をもっている人は真面目で几帳面であることが多い。雇用した会社にとって大きな戦力になることは間違いない。彼のメールは「手帳を受けても甘えずに、良い努力をして、健常者と共存できるようにしたいと思っています。」と結んであった。

障害者差別解消法（平成28年4月施行）によると、吃音の診断書によって就職面接に際して面接時間を延長するか筆談にすることが可能となった。家族以外とは音声で意思伝達できない程に重症であれば、身体障害者4級の言語障害に該当する。

発達性吃音（小児のころに発症）は発達障害者支援法の対象疾患であるため、精神障害者保健福祉手帳が適応になる。吃音を診ている医師であれば、初診から6か月以上経過後に意見書を書くことができる。彼の場合は当院を受診の数年以上前にも吃音のことで別の病院を受診したことがあったのでその旨を記載した。精神障害者保健福祉手帳は2年ごとに更新が必要であるので、その前年の12月までに更新の診断書を書くことにしている。

身体障害者手帳は更新の必要はないが、認定までのハードルは高く、診断書の記載は詳細であり専門医でないと書けない。

その後、東京から来られた40歳の男性も同様の診断書で手帳が交付された。さらにもう2件申請中である。一般内科の医師でも障害者手帳の交付ができたことは非常にうれしく、やりがいを感じている。

第6章

吃音と言語聴覚士という仕事

言語聴覚士である吉澤先生と初めてお会いしたのは、２００８年に長澤先生（※14）のご自宅でおこなわれた、「吃音を語る会」（日本吃音・流暢性障害学会の前身）という、吃音の勉強会でした。帰りの電車のなかで少し話をしたくらいで、ゆっくり話をする機会がありませんでした。関西出身の吉澤先生が、神奈川県にある北里大学東病院リハビリテーション部（※15）の言語聴覚士になられた経緯をじっくりお聞きしたくて、お会いしました。

取材当日、吉澤先生はいろいろな「ことば」の話をできるだけ専門用語を使わずに、わかりやすく語っていただきました。

最後に掲載したＦＡＣＥＢＯＯＫの記事もあわせて読んでいただき、言語聴覚士の仕事の奥深さを知ってほしいと思います。

吉澤先生には吃音があります。

吉澤　健太郎（よしざわ　けんたろう）36歳（仕事　言語聴覚士）
北里大学東病院　リハビリテーション部　言語聴覚療法

取材日　2015年3月28日
東京都在住（大阪府堺市出身）
趣味　読書、クラシック音楽鑑賞、スイーツ、旅行
好きな歌　アンパンマンのマーチ（ドリーミング）、明日へ（MISIA）
好きな音楽家　小澤征爾（指揮者）、ルネ・フレミング（オペラ歌手）
好きな著名人　俵万智（歌人）、スティーブン・ピンカー（認知心理学者）、鴻池朋子（現代美術家）、トマス・ネーゲル（哲学者）

吉澤先生の紹介

――「吃音を語る会」の勉強会の帰りの電車のなかで、吉澤先生と成人吃音の話をしたことをよく覚えています。吃音の症状は軽くても、心理的な面でとてもつらくて来院される成人の方が多いとお聞きしました。吃音があっても大人になれば病院に通うこともなく、なんとか折り合いをつけて生きているというのが、私の「成人吃音」の勝手なイメージだったので、成人吃音の現実に少し驚きました。

吉澤　吃音があっても大人になれば病院に通うこともなく折り合いをつけて生活されている方は大勢おられると思います。一方、なかなか折り合いをつけることが難しい方がおられるのも事実ですね。10年以上前より、吃音がテレビのドラマや、ラジオ番組、書籍や映画、学術的な面では様々な学会などで取り上げられることが増えました。その意味では、吃音への関心は高まっていると思います。ただ、今まさに吃音で悩む方々をお待たせ

することなく対応できるほど、病院や施設、クリニックなどが大幅に増えたかというと、それはまだ少し不十分であると思いますし、地域によって差があるのも実情ではないでしょうか。

——先生の病院では、成人吃音外来の患者さんは何歳から受診ができるんですか。

吉澤 病院によって異なると思いますが、北里大学東病院では、おもに16歳以上の患者さんが受診されます。患者さんのなかで多いのは男性の大学生や社会人ですね。年代でいえば20代が一番多くて全体の約5割、30代が約3割、40代以上はもっと少ないという感じです。

吉澤先生の吃音

——吉澤先生はいつ、ことばがつまることに気づきましたか。

吉澤 覚えているのは、小学校4年生の秋に国語の授業で詩の朗読の順番がまわってきたときです。先生から指名されたので、声に出して詩を読もうと思ったら、最初の1音目が出てこなくて、「あれっ」っていう気持ちになりました。焦って喉に力を入れて頑張って声を出そうとしたのですが、まったく音が出なくて、ついにはその場で泣き崩れてしまいました。朗読ができないことがショックでしたし、クラスの友だちから「なんだ？」と不審に思われたこともつらかったですね。

担任の先生には心配していただき、授業が終わったあと職員室に呼ばれ、「大丈夫か？」と言われました。僕はただただうなずいていたように記憶しています。でも、当時、僕はこれが「吃音」による症状だとは気づいていませんでした。

——ご両親に相談をされましたか。

吉澤 家に帰って、ことばが出なかったことを両親に話しましたが、「たまたま言いづらかったのではないか？」

という感じで、そのときはそれ以上、深く話しあうことはなかったですね。僕もまだ9歳でしたからね。

——ご家族のなかで吃音の方はおられますか。

吉澤　父には吃音がありました。父のほうが僕よりどもっているときが多かったと思います。大学に入学して間もないころ、「たまにつっかえることがあるけれど、しゃべりにくいと感じたり、嫌に思うことはないのか」と父の吃音のことを聞くと、「パパもつっかえたりすることがあるから、お前がしゃべりにくくて大変だなあと思う気持ちはわかる。でもな、パパは悩むことはないねん」と言われました。

——うまく言えませんが、とても素直な会話ですね。

吉澤　そのとき初めて、同じように吃音があっても、僕のように悩む人もいれば、父のように悩まない人もいることを知りました。一緒に銭湯に行ったとき、父が湯船で「き、き、きもちいい」とどもることがありました。そのとき、僕が吃音で悩んでいると言うと、父は「はぁ？　そんなこと、誰にもあるやん。そんなこと、考えている時間がもったいないなあ」と言われたことを覚えています。

今思うと、父のことばは、どもっても伝えることを大切にしてほしいという想いだったと思います。

子どものとき……500日間の不登校

——以前、吉澤先生ご自身が、子どものころにひきこもった話を聞いたことがあります。そのとき吃音が原因かどうかまでお聞きできなかったのですが。

吉澤　小学生のころは、中学受験をするため、学校が終わると毎日、夜遅くまで学習塾に通っていました。小学校の授業では音読しなければならない、塾でも何度も指名されて発表しなければならないという、二重の辛さがあり、次第にストレスがたまりました。そのくせ、苦しんでいるのにヘルプを出せない自分がいて、あるとき塾をさぼってブラブラしていると、父に見つかって心配をかけたことがありました。

中学受験に合格することができて、中学校1年生のときはボチボチやっていたのですが、中学校2年生の秋ごろから吃音でしんどくなりました。たとえば数学の授業では、本当は答えをわかっているのにどもりたくないから「わかりません」と答えていました。国語の音読の時間では順番にあてられる前に、自分の担当する個所を何度も何度も頭のなかで練習して、しんどかったのを覚えています。

吃音で悩んでいるのだけれど、その悩みはわかってもらえないと自分勝手に思いこんでいました。「助けて」とも言えないし、そう言うこと自体が屈辱的で、情けないし、くやしいし、その一方でいつも「また、どもるのではないか」という予期不安もありました。

そのころ、クラスの友だちから吃音のせいで笑われたことは何度もありました。授業でも毎回どもるので、「お前はノミの心臓だな」と言われ、ニックネームが「ノミ君」と言われたこともありました。

——ドキッとすることばですね。

吉澤　20年以上経ったある日、京都でその友だちと再会する機会がありました。彼はひどく恐縮しながら「当時どもっている君にどう接すればよいかわからなかった」「苦しそうにどもっている君をずっと黙って見て、その声をずっと聞いていることがたまらなく辛かった。それで少し笑える時間をもてないかなという気持ちがあったんだ」と打ちあけてくれました。

中学校2年生の秋のある朝、起きられなくなり、布団から出られなくなりました。父はなんとか僕を学校に行かそうとしましたが、結局、僕の体が動きませんでしたね。秋から冬にかけてはほとんど家で、憂鬱な日々をすごしました。共働きの両親が出かけたあとに起きだして、観るでもなしにテレビを観て、気をまぎらわすためにゲームをやったり、本を読んだりしていました。家からほとんど1歩も出ることもなかったので、1年間で会話をした人の数は家族以外だと10人に満たなかったです。回覧板を持ってきてくれた近所の人、宅配便を届けてくれた人、あとは間違い電話をかけてきた人（笑）。

たまに近くに住む祖母が心配して家に来てくれたんですが、僕が吃音で悩んでいることを打ちあけたとき「もうそんなに考えこまなくていいんやで」と言いながら肩をさすってくれました。学校の友だちは心配して電話や手紙をくれましたが、やっぱり吃音のことは話せなくて、話せない自分が嫌で嫌で仕方がなかったですね。やっと担任の先生に話せたのは、ひきこもってから5か月くらいたってからでした。

――いつまで、ひきこもりは続いたんですか。

吉澤　およそ、1年半、500日くらいです。

――ということは中学校3年生のときも。

吉澤　はい、中学校2年生の秋から中学校3年生の終わりまで学校に行かなかったです。でも義務教育だから卒業はできました。全員の卒業式が終わってから、後日、校長室に両親といっしょに呼ばれて卒業式をしていただきました。

通信制高校と大学

――そのあとの高校進学は、その中学校の私立を選択されたんですか。

吉澤　やはりそれはできなくて、自宅からも近い公立の通信制の高校に進学をしました。

スクーリング（通信教育の学生・生徒が受ける、短期間の教室での講義・授業）もよくある高校でした。中学時代が500日も不登校だったので、高校1年生のときは、勉強は度外視で朝起きて高校へ行くということができれば上出来という感じでした。低い目標に思えますが、僕にはそれが精一杯でした。

――高校は3年間で卒業できたんですか。

吉澤　はい、できました。高校にはいろいろな事情（経済面で苦労している、不登校歴がある、障害があるなど）を抱えている生徒がいて、いろいろな世界を感じることができました。

2年生のときに、僕より2歳年上の先天性難聴のある男子高校生に出会いました。彼は手話を使ってコミュニケーションを取っていました。ろう学校に通いたかったようですが、経済的にしんどくて運送業のアルバイトをしながら高卒の資格を取るために高校にきている人でした。ある日、スクーリングで音読の授業があり、僕に読む番がまわってきたんです。どもりながらもなんとか音読を終えたあと、彼が必死に僕に手話でなにかを伝えようとしているのです。僕は手話がわからなかったので、手話がわかる先生に通訳をしてもらいました。「君はつまりながらでも話せているからいいよね。うらやましいよ」というのが彼のことばでした。僕は声に出してうまく読めないことに悩んでいるのに、彼は僕の話している行為自体を「うらやましい」と思ってくれたことを知り、180度、世界が変わったような気持ちになりました。自分はなんて視野を狭くしていろいろなことを考えてきたんだと思いました。その後、彼は無事に物流関係の会社に就職をしたそうです。

高校2年生の夏ごろ、中学校2年生の内容から勉強をやりなおそうと思い、不登校の子どもたちが通う塾にも通い始めました。大学にも行こうと思うようになり、1年間、浪人生活を送り自宅や塾の自習室にこもり勉強して、無事大学に合格しました。

――大学に入学したあとは、吃音のことで悩むことはなくなりましたか。

吉澤　いや、ありました。でも浪人してやっと入学できて晴れ晴れとした気分でした。高校のときと違って行動的になろうとしたんでしょうね。いくつかのサークルにも入り、自宅から大学に通い4年間で卒業できました。

――アルバイトはされたんですか。

吉澤　引っ越しのアルバイトをしようと思い、引っ越し会社に電話をすると、住所や名前をきかれて「あーっ！言えない」となって、電話を切ったことが何回かあります。だから、やはり話さないバイト、話すのが負担にならないバイトにしようと思い、生まれて初めてやったバイトは塾の模擬試験の採点のバイトです。

――確かにあまり話さなくて、すみそうですね。

吉澤　でも採点でわからない場合は塾の先生に聞かなきゃダメなんです。それがおっくうで採点のバイトを辞めました。話さないバイトって意外に少ないですね。

そのあと、ファミリーレストランの食材を貯蔵している工場内でアルバイトをしました。発注のあった店舗へ冷凍庫や冷蔵庫から食材を集める夜勤バイトで、夜の10時から朝の5時までやりました。週に数回やっていたので、だいぶ稼ぎましたよ（笑）。あまり話さないようなバイトを選んだつもりでも、夜勤の方たちと話す必要が出てくるんです。話さないですむ仕事は少ないと思いました。

言語聴覚士を志すきっかけ

――吉澤先生が言語聴覚士であるST（以下、Speech-Language-Hearing Therapistの略である「ST」と称す）を志したきっかけを教えていただけますか。

吉澤　大学では簿記や会計学を勉強していたので、将来は会計事務の職員になればいいと思っていました。あまり話さなくてもすむかというネガティブな理由があったことは否定しません。吃音があったので大学4年生のころは就職活動を避けがちでしたが、自分のしたいことも十分にわかっていなかったようにも思います。

僕が20歳のときに父は脳梗塞を発症したことで、失語症になりました。失語症というのは、脳卒中などの後遺症で、「聴く」「話す」「読む」「書く」といったことばの能力に障害が残った状態のことです。顔や身体には重い麻痺、嚥下障害（飲み込みの障害）も併発していました。それで父は、入院先の病院でリハビリをすることになり、僕は初めてＳＴのリハビリを見ることになったのです。そのときの第一印象は、ＳＴの仕事は本当に大変な仕事だなと思いました。父はことばをほとんど話せなかったので、僕にはとても父が回復していくように思えなかったからです。

それにもかかわらず、ＳＴは父のほんのささいな変化も見逃さず、その変化を僕たち家族にいつもわかりやすいことばで伝えてくれるのです。最初はリハビリに積極的ではなかった父が、３か月ぐらい経つと、次第に自ら進んでリハビリをするようになりました。

僕には吃音があって、話しにくいことの苦しさがずっと……小学校、中学校、高校と、ずっと長くありました。かつては吃音で悩んでいないと僕に言った父が、今は話したいことが頭のなかにあるのに話せない。きっと苦しいんだろうなと思いました。一方で、僕は父の話したいことを聞いてあげられないという家族としての苦しみにも気づきました。半年後、父は脳梗塞を再発し亡くなりました。

ＳＴを志したのは、僕自身に吃音があったということもきっかけのひとつですが、父との経験から、言語障害のある方やその家族など周囲の人たちに対して自分がなにかできることはないかと思ったことが大きな理由です。

僕はＳＴの養成校に入学する前に、ＳＴがいる病院に見学に行ったり、自分と同じように吃音があってＳＴになる養成校に通っている人と電話で話したりして情報を得ようとしました。電話の相手は坂田さん（※16）という方です。

――大学卒業後、すぐにＳＴの学校へ進まれたと思っていたのですが、１年くらい進路を考えたということですね。

吉澤　１年間考えた理由は、吃音がある僕自身がことばのリハビリが本当にできるのかなということです。

――そのことを坂田先生に相談されたということですか。

吉澤　はい、坂田さんは覚えているかな。電話で「大丈夫ですよ」と言われました（笑）。その後、お互いに忙しくて会うこともなく、僕がSTになって1年目に環境の変化などからいきづまったときがあり、坂田さんに相談しようと思い、夜行バスで僕の住む大阪から彼の住む茨城まで14時間かけて会いに行きました。坂田さんに初めて電話をかけたときから、会うまでに4年もかかりました。

――遠距離の恋人同士みたいな不思議な関係ですね。

吉澤　そうですね（笑）。

――STの養成校を卒業後、すぐに北里大学東病院に就職されたんですか。

吉澤　いいえ、自宅に近い大阪の病院に就職しました。就職したばかりのころは、決して吃音による影響だけではありませんが、少ししんどい時期もありました。仕事って、ことばが流暢であるかどうかだけではなく、様々な要素が必要ですからね。

そのあと、僕は和歌山にある紀ノ川沿いの病院に移りました。土地柄もありのんびりしていて患者さんともゆったりとかかわることができて、少しずつですが臨床への自信を得ることができました。その病院に半年ぐらい勤めたころに長澤泰子先生が主催されていた「吃音を語る会」（日本吃音・流暢性障害学会の前身）に続けて参加するようになりました。

――STという仕事に就かれてから、ご自身の吃音の調子はいかがでしたか。

吉澤　STになってからも吃音の悩みがすべて消えたわけではありませんでした。どもること自体は、まだ、自分のなかでは負担になっていました。けれども、少しずつ、その負担が減っていったことも間違いはありません。

――今は、どうですか。

吉澤　しゃべりにくいと感じる瞬間がまったくのゼロではないですが、前のように重荷に感じることはほとんどありません。一番悩んだ小・中学生のころを100としたら、今はもう3もないくらい、ひとケタですかね。

――ゼロではないんですか。

吉澤　不安や恐怖のような心理的な悩みはないですね。たまにどもることは日常生活には支障がないんですが、単純に少し不便ですね。

吃音のある日常

吉澤　吃音があると、将来への不安を感じる人もおられるのではないでしょうか。このままで、学校に行けるのか、就職はできるのか、職場でうまくやっていけるのかなど、日常生活の様々な場面でいろいろ考えてしまうと思うんですよね。僕の場合は通信制の高校で多くの人たちと出会って、彼らの「なんとかなるさ」と思う心構えを学んだおかげで、不安を感じても「なんとかなるさ」と思えることが増えたように思います。

――吉澤先生の場合は、子どものころからお父さんという「吃音」の先輩がいたわけですね。

吉澤　はい、今は「吃音のある日常」と表現していますけれど、たまたま家族に吃音のある父がいて、僕はある面では幸運だったのかと思います。家族で僕だけが吃音だったら、もしかしたら孤立感、疎外感をもったかもしれないからです。

――「吃音のある日常」のなかで、吃音がなおるという感覚はありましたか。

吉澤　幼児では自然治癒する場合もあるわけですが、成人の場合は「なおる」という定義が、なにをもって「なおる」かではないでしょうか。吃音によることばの非流暢さが完全に消え去ることが「なおる」という人、非流暢さは残っていても吃音を意識しないことが「なおる」という人、吃音に対する不安がなくなることが「なおる」という人など、人によっていろいろな「なおる」の解釈があると思います。

もしそのなかになにか共通点があるのだとしたら、おそらく日常生活でのコミュニケーションに支障がなくなることが「なおる」という場合の大きな要件のひとつだと僕は思います。吃音の症状が軽くなり、不安が減ったとしても、その人が日常生活で困っている場合には、吃音がなおったとはいえないのではないでしょうか。軟らかく楽に声を出す練習をして、その練習方法が日常生活で使えて、自分のなかで話すことに対する自信が持てるようになる。それによって以前よりコミュニケーションを避けることが減る、というような良い循環があれば、吃音の悩みは寛解してきているのかなと思います。しかし、日常生活でコミュニケーションを避けるということが残っているうちは、いくら吃音の症状が減ったとしても、その人のなかでの満足度は上がりにくいのではないでしょうか。僕自身は日常生活で支障を感じていません。

成人吃音の現在

――吃音のある子どもを臨床する場合であれば、保護者と二人三脚で吃音を考えていくというのが見えるのですが、それなりの吃音観をもった成人を臨床する場合、吉澤先生は成人吃音をどのようにとらえて、臨床にのぞまれているのかお聞きしたいのですが。

吉澤　僕の場合は、患者さんに訓練室で軟らかい声の出しかたや、話す速度をコントロールする方法を学び、どもりにくい話しかたを習得していただきます。次に、その習得した話しかたを日常生活の様々な話す場面で使っていただきます。そして、その話しかたを使えることが増えると、これまで言いかえていた単語や避けていたことばを言えるようになるので、結果として次第にコミュニケーションの場面を避けないようになってきます。訓練方法は様々あるので、自分が用いている訓練方法が患者さんに合っているか否かを見きわめる必要があるでしょうし、もし合わない場合には別の異なる方法を試すことができるよう、臨床をする者としてはより多くの訓練方法に精通しておくことは望ましいと思います。

吃音観は、自らの吃音についてどのように考え、どのようにとらえているかということだと認識しています。成人の場合、そもそも言語訓練を受けるか否か自体も、その人にとっての吃音観のひとつのあらわれだろうと思います。つまり言語訓練を希望しない人もおられるわけで、それは尊重されるべきその人の価値観なのだろうと思います。言語訓練は、吃音観を変容させることを直接の目的としているわけではありません。

また、吃音観が変わることも、実際にはよくあります。たとえば、子どものころから「どもってもいいんだ」と思ってきたけれど、いざ就職活動を始めてみたらその考えだけでは苦しくなったので、どもりにくい話しかたを習得しようと思う人もいます。反対に、子どものころは「絶対どもりたくない」と思って人生をすごしてきたけれど、その思いだけだと人生がとても窮屈になってしまう人もいます。「どもらなくなってからなにかをしよう」というモラトリアム的な人生のすごしかたをしてきたから、やれるだけ練習を頑張って、結果的に「どもってもいいや」と思える生きかたをしたいという思いで練習を始めてみるという人もいます。

このように吃音観は表裏一体みたいなところがあって、どちらが良いかとか悪いかとかの話ではないと思いますが、その人の人生に強く根ざしていればいるほど、吃音観がまるで信念のようなものになっている場合もあるように思います。そのようなことを踏まえて、僕はその人が病院の訓練室に来るまでの生活と吃音の関係をお聞きします。そして、将来の目標を見据えた上で、今、なにを目標にしてどのような訓練がその人に適しているのかを考えていきます。

――当たり前のことですが、成人ですから病院にくるまでの歴史が長いですしね。

吉澤　そうですね。幼いときから吃音があったけれど、成人になって初めて、「今」病院に来たという人は、なにか理由があると思うのです。僕はよく、「おそらく幼いころからどもっておられたと思いますが、どうして、今日、病院に来ようと思ったんですか」という質問をします。

――みなさん、どのような返答が多いのですか。

吉澤 様々な返答がありますが、「今まではなんとかやってこられたけれど、それができなくなった」というのが多くの人に共通する答えの一部でしょうか。学生のころと違って、社会人になれば主体的に行動をしたり、発信をしたりすることが増えてきて、「吃音に対処することが厳しくなってきた」と感じる人が多いようです。なんとなく吃音をどうにかしたいという方もおられる反面、就職の面接がせまっているとか、スピーチや発表をする必要がある、毎日の電話応対が不安でなんとかしたいなど、明確な目標をもって来院される人もおられますね。

――病院での訓練回数や訓練期間は目安があるのですか。

吉澤 当院では、訓練回数は平均すれば10回ぐらいですが、吃音症状の度合い、社会的背景など個々人で条件が異なるので回数は様々です。訓練期間も同様で、学生と社会人では自由になる時間も異なるし、居住地によって通院間隔にも差が生じます。

――1年ぐらいかかるんですか。

吉澤 もっと、長く通われる人もいます。

――ことばがでにくい難発（重度の吃音）の方に、なにができるのかなと思うことがよくあります。先生は臨床の場でそのような成人吃音の方に出会うことはありますか。

吉澤 はい、あります。吃音の症状が重度である人への訓練は、まだまだ十分ではないと思います。彼らのなかには、会話で流暢さを増やすために器機を利用される方もいます。吃音の症状が軽い人のなかには、器機を使うことに馴染めない方もおられると思いますが、ときどき吃音が出る人の苦しみと、いつも一音もまったく出ないほど重度な人の苦しみを同じ次元で考えるのは少し違うように僕は感じています。器機を使うことで音声が出しやすくなってコミュニケーションが取りやすくなるなら、本人が希望すれば器機を使うことが必要な場合もあるのではないかと思います。症状が重い人は、そもそも言いかえやコミュニケーション場面を避けることさえできない方もいます。その意味からか、「吃音を隠せないので受けいれています。」と言われる方もいます。こういう心理面も吃音の軽い人とは、だいぶ様相が違うのでその点も難しいですね。

――STにとって、吃音の重い方は悩ましい患者ですか。

吉澤　いいえ、臨床をさせていただいている者としては、吃音の重い方がコミュニケーションを取りやすくなるように、少しでもお役に立てるよう頑張りたいですね。そして、吃音にかかわるSTが増えてほしいなと願っています。

――吃音で悩んでいる成人吃音の方々に、一言いただけますか。

吉澤　世界には多くの吃音のある方々がいますが、そのひとりの意見として、もし僕になにかお伝えできることがあるとしたら、「ささいなことでもいいから、どうか行動しましょう。そうすれば人は必ず変わる」ということです。今、吃音で悩まれているなら、病院で言語訓練を受けていただくということも、あなたの行動を変える選択肢のひとつになるかもしれません。そして、不安のない人は誰もいないということにも気づいてほしいと思います。変わっていく人の多くは、不安を抱えながらも、いつも行動をしているのだと、僕は自分の経験から感じています。

この章の最後に、吉澤先生の3年前のＦＡＣＥＢＯＯＫのことばを紹介します。本書を書き始めたころに読みましたが、われわれの「可能性と多様性」を想像力を豊かにして信じ続け、行動することを忘れないようにしたいと思います。私自身、ＦＡＣＥＢＯＯＫのなかの「世界中には７０００万人」ということばに刺激を受けて、あとがきとして写真と映像を撮ろうと決めた記憶があります。

吉澤先生のＦＡＣＥＢＯＯＫより

『１％の可能性　そして多様性』（２０１４年２月14日）

吃音のある方々から、「あなたは吃音についてどう考えているんですか?」との問い合わせをＦＡＣＥＢＯＯＫを介していただいたので、私の考えの一部を記載させていただきます。

この地球の上には、およそ70億もの人たちが暮らしています。疫学的に人口の約１％、つまり世界中には７０００万人が、今、まさに吃音（どもり）を持っていると考えられています。日本の総人口はおよそ1億2千万人ですから、約１２０万人の吃音のある方々がおられると考えられます。けれども、その１２０万人の方々がそれぞれどのように生活されているかについてはよくわかっていません。

ひとくちに「吃音がある方々」と申しましても、７０００万人という多数の方々が存在する以上、我々一人ひとりの顔形（かおかたち）が異なるように、吃音のある方々のなかでも、吃音に対する考えかたやとらえかた（換言すれば「吃音観」というもの）が個々人で異なるであろうことは容易に想像がつくでしょう。

ある人は、どもることに苦悩し、吃音を完治させたいと願われることでしょう。またある人は、仮に完治に至らなくとも、せめて吃音の苦悩をわずかでも減らしたいと考え、話しやすさや不安（どもってしまうのではという恐怖心、予期不安）の軽減を求めて吃音の改善に取り組まれる場合もあるでしょう。その改善方法もさまざまあることでしょう。具体的には、病院やクリニックで言語聴覚士の訓練を受けられる方々、精神科医の診察や臨床心理士のカウンセリングや心理療法を受けられる方々、話し方教室に通われる方々、吃音のセルフヘルプ・グループや集まりや、インターネットで知り合った仲間とのオフ会に参加される方々、書籍から知識を得て自己療法に励まれる方々、ちょっとした日常の生活習慣を見なおされる方々など、その方法をあげれば、枚挙にいとまがありません。一方で、吃音をなおすことにはこだわらず、吃音とともに生きていくという選択をされる方、本当は共生したくはなかったけれども妥協された方、宗教を介して人生で悟りを得て、ある面では吃音の受容に至っている方もおられるでしょう。

重要なことは、このような多様な吃音観が、必ずしも個々に無関係に存在しているのではないということでしょう。私は知っています。小学生のころから吃音の完治を目指して必死に毎日努力してはみたものの、十分な成果が得られず、幾年かの月日を経て吃音を受けいれ、「どもりながら生きていく」という道を選ばれた方々、もしくは、そう選びたくはなかったけれども、家庭や職場などのさまざまな周囲の環境の制約もあり、そう選ばざるをえなかった方々がおられたことを。また私は知っています。中学生のころは「どもってもいい」との考えをもって一度は吃音とともに生きる道を歩んで社会に出てはみたものの、就職や結婚を機に自らの生活環境が変化するなかで「やはり、わずかでも吃音を改善させたい」というように考えが変わられた方々がおられたことも。

「吃音のある方々は確かに100人に1人と少数有限であっても、吃音観は千差万別で、無数の考えが交錯する場合がある」ということなのでしょう。

そして、決して忘れてはならないことは、吃音のある方々のなかには、自分の吃音を露《つゆ》とも気にしていない方々が大勢おられるという事実でしょう。自分に吃音があることにさえ、吃音ということばがあることにさえ、さらにもっと言えば、吃音という概念があることにさえ気がついていない方々、意識していない方々が大勢おられるという事実でしょう。吃音がある方々は、確かに「吃音がある」という点では共通していても、今まさに吃音に悩んでいる方、特に吃音に悩んでいない方、そもそも吃音の意識があまりない方、吃音という概念さえ頭にない方などが存在し、ほかにも異なる吃音のある人の吃音者像なるものが存在するかもしれません。

くわえて、吃音のある方々のなかには、吃音だけではなく、さまざまな精神神経疾患や発達障害などを併せもつ方々もおられます。もちろん、それら吃音以外の疾患や障害と吃音との折り合いをうまく取りながら、豊かな人生を歩んでいる方々も大勢おられることを私は知っています。ただその一方で、吃音とそれらほかの疾患や障害の狭間のなかで、自らが何者であるかに戸惑い、アイデンティティを獲得し難く、あるいは容認し難く、今なお深い苦悩のなかにある方々がおられます。そして、社会とかかわるすべを失い、ひきこもっておられる方々が多くいることも、まぎれもない事実なのです。

このように概観すると、吃音のある方々同士が、まずはお互いの吃音観の相違を十分に理解し、互いを尊重しあう姿勢をもつことが、どれほど大切なことであるかに気づかされることでしょう。我々が生きるこの社会は、多様な思想や文化を持ちあわせた人種の共同体であり、互いが他者の存在を認めあうことで、初めて自己の存在が認められるシステムの上に成り立っています。それは、この社会のマイノリティである吃音のある方々においても同様なのではないでしょうか。すなわち、もし吃音のある方々が互いの吃音観を尊重せず、自己の吃音観の主張に終始したならば、意に沿わない他者の吃音観に対して排他的になることでしょう。それは、吃音のある方々が孤立することにつながるでしょう。
確かに吃音のある方は、音や語をくり返し、引き伸ばし、ことばにつまる症状に代表される多くの共通する言語的特徴を有しています。ただ、その共通する言語的特徴のなかにも、個々人の症状の重症度に差があることを忘れてはならないでしょう。また、そもそも吃音のある方々が生活している就業環境（会社員［営業・製造・事務など］、公務員、自営業、アナウンサー、専業主婦、アルバイトなどなど）は極めて多様であり、個々の職場のなかで求められる流暢に話す必要性の程度にも差があることでしょう。そしてその環境ごとに吃音に対する理解の程度にも差があるでしょうから、結果として環境から受けるストレスや不安感の程度にも個々人で差があることでしょう。

そして、我々がこの社会のなかで生きていく限り、吃音のある方同士だけではなく、吃音のない方々の理解と支援をどのように得ていくかを考えることが、めぐりめぐって吃音のある方々が生きやすい社会を実現する上で重要であることに気がつくはずです。吃音のある方々のなかには、吃音があることに対して誇りや自尊心をもたれている方も大勢おられます。私はそれらの方々の、いわば吃音文化というものを心から尊重したいと思っております。ただ、その大いなる尊重の上でもなお、この社会のなかには、吃音のある自分自身に誇りをもてず、苦悩のなかで専門的支援を求めておられる方々が多数いるという現実から目をそらすわけにはまいりません。

吃音のある方にとって、言語聴覚療法はその支援のひとつの方法にすぎないかもしれません。すべての吃音のある方々にとって、十分期待にこたえられない場合もあるでしょう。
けれども、言語聴覚療法によってわずかでも吃音のことばの症状が軽減することや、吃音のある方々のコミュニケーション態度が積極的になることが、世界各国の臨床家や研究者から示されている以上、少なからぬ意義があるのではないでしょうか。

コミュニケーションは、あなたひとりでできるものではありません。吃音のあるあなたは、すでによく知っているはずです。おそらく、ききとり難いであろうあなたの一言一句に、本当に真摯に耳を傾けてきいてくれている家族、友人、そのほか大勢の周囲の方々がいることを。そして、もう気づかれているのではありませんか。あなたは、そのきき手との対等なやりとりのなかで、自らのコミュニケーションに自信を深められてきたことに。

私は一人の吃音のある者として、吃音の有無を問わず、今を生きる万人の多様性のなかに、吃音に対する理解と支援の可能性があると考えます。そして専門性を有する方々との適切な連携と協働を通して、吃音のある方が少しでも暮らしやすい社会になってほしいと心から願っております。

あとがき

「あとがき」として、二つの映像（ＤＶＤと写真）を撮影しました。

７０００万人分の８名――ＤＶＤ映像の説明――

つぎの５名のコメントは、２００９年に自主制作をした吃音ＤＶＤ「ただ、そばにいる」（※３）を制作したときの映像から文字起こしをしたものです。発言の内容は、吃音のある子どもたちへのエール、メッセージが中心です。

１（男子高校生）「今、高校3年生です。小学校のころはいろいろ楽しいこともあるけれど、つらいこともあると思うんで、これから頑張ってください。あと、今度、ライブ見に来てね。」

――どんなライブをやってるの？

「いや、やる、予定です（笑）。」

――ボーカルですか？

「違います、ベースです。ベースやってるんで、見に来てください。」

――バンド名は？

「ないです（笑）。」

2（女子高校生）「あっという間《ま》にこの年になって（笑）、いま思えばやっぱり小学校のころが一番よくて。いま、悩んだり、将来のことがわからなかったりすると思うけど、高校生とかになればわかると思うので、いまは心配しないで頑張って、いつも「なんとかなるさ」という気持ちで、毎日を過ごしてください。すみません、あまりいいこと言えないんですけれど……高校2年生です。」

3（男子高校生）「吃音である自分を、決して嫌いになっちゃいけない。自分が吃音であることを認めて、そこからほかの人と接していくべきだと思う。」

4（男性・フリーター）「今はフリーターをしています。小学生のみなさん、どもりというのは、すごいつらいことですけど、自分の好きなことを見つけて、それを精一杯やってください。そうすれば、楽しい人生になると思います。以上です。」

――好きなことは、なにですか?

「読書です。」

――どんな本ですか?

「そうですね。ホラー小説とか好きですね。」

5（女子高校生）「高校1年生です。吃音だからって、べつに気にすることはないと思うので、まあ、適当に生きていればなんとかなると思う（笑）ので、なんだろう、楽しいこともいっぱいあると思うので、楽しく生きてください。将来、小説を書いて本を出すかもしれないので、そのときは読んでくれたらうれしいです。終わります。」

現在、彼らは社会人として職に就き、あるいは就こうとしています。約7年経ちましたが、もう一度、彼らに会って「仕事」「吃音」などのことをたずねることにしました。

撮影は2016年8月7日から12日にかけておこないました。

＊　＊　＊

DVD（60分）には8名の男女の成人の方が映像に収められています。

そのうちの右記の5名の方は、2009年の映像も収めました。

のこる2名の方は本書の取材に、1名の方は拙著『吃音のことわかってください』の取材にご協力いただいた方々です。

1 「仕事のやりがいはないんだよなあ」と言いながら、職場での朝礼の仕方を、明るく披露してくれた人物
2 職場の電話がこわくて、電話にびびっていたけれど、やっと電話をかけたり、電話に出れるようになった人物
3 異性とつきあうなかで、吃音はどのようなタイミングで伝えればよいか考える人物
4 普通に生きることとは、いったいどういうことだろうと考える人物
5 就職をしたら、早めに職場の人にはどもりを見せておいた方がいいと思うけれど、どもったあとは「やっちまったな」という気持ちになる人物
6 吃音でよかったなと言えるほど、ぼくは大人ではありませんと正直に話す人物
7 自分の言いたいことが言えないことより、相手に聞きたいことが聞けないことが大切と思うようになった人物

8　今日も地鎮祭で、祝詞をあげた人物

印象に残ることばも、ありふれたことばもあるかもしれません。吃音のことをどのような表情で、どのような気持ちで話しているか、ご覧ください。

カメラの前に堂々と立って、私の拙い質問にこたえていただいた8名の方々、ありがとうございました。

私が考えたことは、夏空の下《もと》で撮影をすることでした。

公 務 員

倉 庫 業

支援学校教諭

自動車用品のエンジニア

児童養護施設職員

言語聴覚士

神社の禰宜

調 理 師

７０００万人分の１００名――写真の説明――

本書の取材をしていて、吃音の方に会ったことがないという方が多くおられました。成人として普通に生活しておられる吃音のある方々を、読者にたくさんご紹介できればと思いました。

１００名の方々は、少し恥ずかしそうに、でもまっすぐカメラに向き合っていただきました。ありがとうございました。本当は、もっともっと吃音のある方がいろいろな仕事に就いていることを紹介したかったです。

会社員、公務員、駅員、銀行員、郵便局員、調理師、教師、弁護士、研究者、絵本作家、デザイナー、パイロット、料理研究家、スポーツ選手、魚屋さん、美容師、理容師、画家、運転手、外交官、政治家、作家、音楽家、建築家、編集者、エンジニア、ジャーナリスト、歌手、俳優、大工さん、ＣＧ制作者、医師、看護師、保育士、カメラマン、八百屋さんなど。

きっと、仕事（可能性）は無限です。

なお、２０１４年から２０１７年にかけておこなった写真撮影にあたっては、「小中高校生の吃音のつどい」「言友会の全国大会」「日本吃音・流暢性障害学会」「うぃーすたプロジェクト」などの催しでお会いした成人吃音の方々にご協力いただきました。

会計事務

主　婦

空港職員

看 護 師

NPO 法人支援員

警察官→言語聴覚士

特別支援学校教諭

経理事務

エアコン製造業

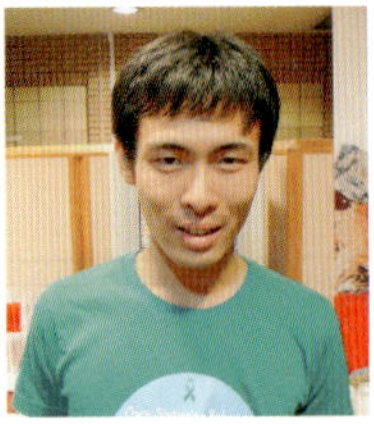
化学メーカー開発職

ミュージシャン

公 務 員

車のシステムエンジニア

配 管 工

耳鼻咽喉科医師

ビル設備管理

公務員 福祉介護保険課

介護福祉士

大学院生

製薬会社営業 MR

介護福祉士

障害者就労支援員
(元ことばの教室教諭)

障がい者支援員

社会福祉士

元·精密機械メーカー社員

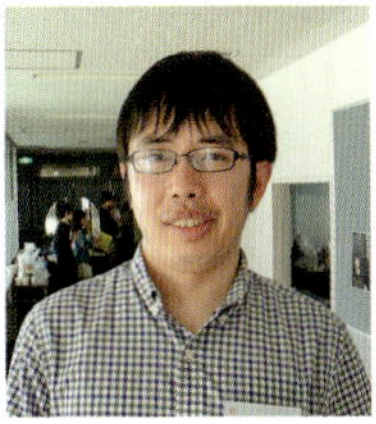
公 務 員

精密部品製造業

機 械 工

携帯電話販売員

車両精密部品製造業

食品製造業の営業

製 造 業

大学院生·高校教員

国家公務員

経理事務

不動産業

機械エンジニア

大学院生

金融機関→言語聴覚士

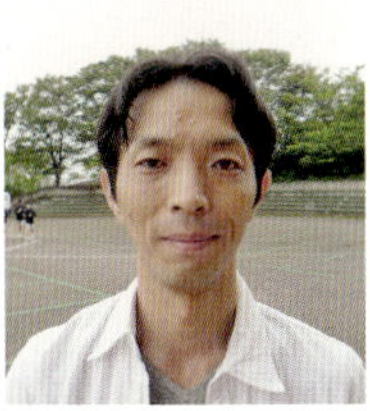
自動車整備士

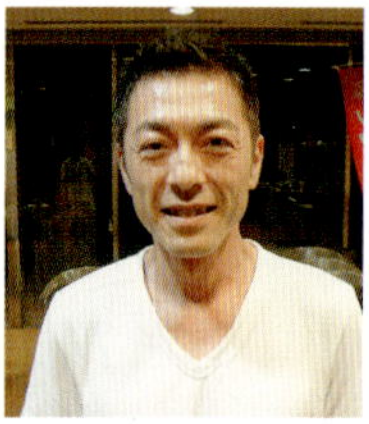
社会福祉士

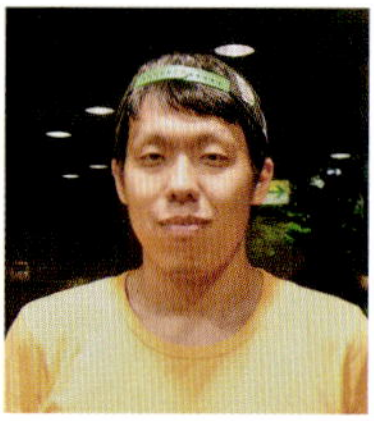
郵便局 外務

自動車製造業

製薬会社広報

大学院生

電気工事業

介護福祉士

木材住宅会社社員

学校給食センター

元·百貨店広報

食品品質管理会社 社員

ビル管理員

管理栄養士

地方公務員

コンビナートの計装業務

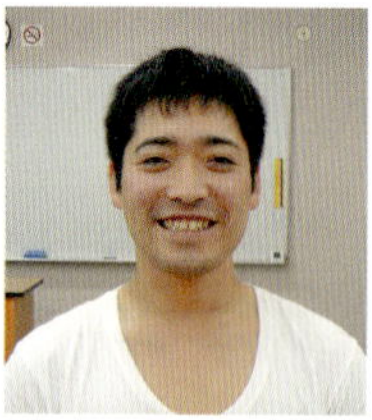
公 務 員

会計事務所職員→就労支援員

一般事務

IT 関連

肥料の品質管理

産業機器の営業

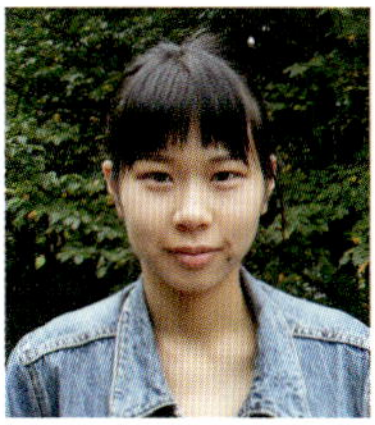
着物着付け師

保育園調理

獣 医 師

大学院生

弁 理 士

ことばの教室教諭

通 関 業

Web デザイナー

元・精密工場勤務

公 務 員

製 造 業

介護福祉士

会計コンサルタント

電気通信工事業事務

言語聴覚士

塗料、接着剤メーカーの研究職

貿易貨物検査員

編 集 者

福祉施設の事務

建築設計者

ギター製作所

自動車関連メーカー事務

雑誌編集者

体育講師

言語聴覚士

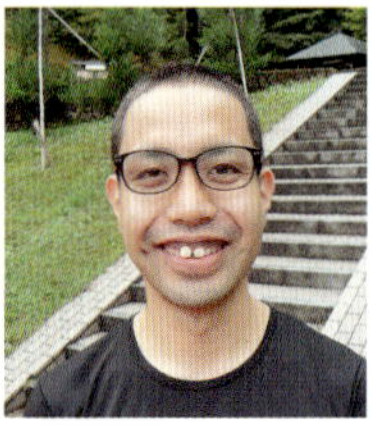
制御系システムエンジニア

地方公務員

Web 編集記者

元·ことばの教室教諭

自動車の設計

介 護 士

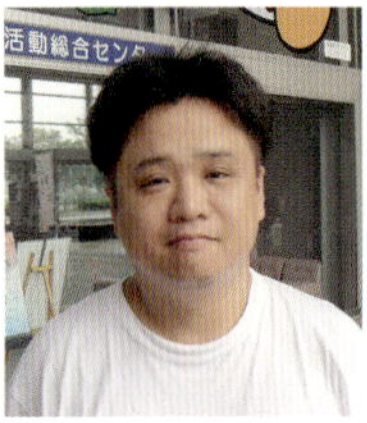
介護福祉士

自動車エンジニア

会社員・翻訳者

研究員·大学院生

新聞記者

食品メーカー営業

造 船 業

病院院長

まえがきで書いた3つのことについて、3年間、取材の仕方（文章、写真、映像）も変えながら考えてきたつもりです。おかげさまで様々な方と出会い、ご協力を得ることができました。

拙い取材にこころよく応じていただいた、みなさまに改めて感謝申し上げます。

そして、飯山博己様、心からご冥福をお祈りいたします。


本書の出版に至るまでの長い期間、取材、執筆、撮影などいろいろな面で支えていただきながら貴重な助言をいただいた、学苑社の杉本哲也社長に厚く感謝いたします。

吃音の当事者、関係者の方々、吃音のことを知らない一般の方々に、読んで、見て、感じて、吃音を想像していただきたいと思います。


『狂うひと――「死の棘」の妻・島尾ミホ」（梯《かけはし》久美子著・新潮社）という評伝が出版されたとき、角田《かくた》光代さんのつぎのような書評（『新潮』２０１７・４月号）が紹介されました。

「……私がもっとも胸打たれ、感動するのは、本書が何をも脅かさず、何をも損なっていないことだ。……」

「狂う人」とは比べものになりませんが、この小さな本書が、「何をも脅かさず、何をも損なっていないこと」を切望して、あとがきにかえたいと思います。本当にありがとうございました。


本書が吃音を超えて、いろいろな考えが広がっていくきっかけになればと思います。

２０１７年10月1日

北川敬一

※13　旭川荘南愛媛病院

〒798-1393　愛媛県北宇和郡鬼北町永野市1607番地

TEL　0895-45-1101　　FAX　0895-45-3326

※14　長澤泰子（ながさわ　たいこ）

NPO 法人こどもの発達療育研究所顧問。東京都心身障害者福祉センター、国立特殊教育総合研究所・言語障害教育研究室長、広島大学教授、慶應義塾大学教授、日本橋学館大学教授を経て現職。2014年より日本吃音・流暢性障害学会理事長。

※15　学校法人北里研究所 北里大学東病院

ホームページ　https://www.kitasato-u.ac.jp/

※16　坂田善政（さかた　よしまさ）

国立障害者リハビリテーションセンター学院言語聴覚学科教官。国立身体障害者リハビリテーションセンター学院言語聴覚学科を卒業後、医療法人社団桜水会筑波病院言語聴覚士を経て2010年より現職。筑波大学大学院人間総合科学研究科博士前期課程生涯発達専攻リハビリテーションコース修了。

※９　廣瀬カウンセリング教室

廣瀬カウンセリングとは、故・廣瀬努先生（2014年没）が函館少年刑務所の教育専門官として、吃音をもつ受刑者との間で試行錯誤のなか、作り上げたカウンセリングのことで、臨床心理学者：カール・ロジャーズの理論をベースとした心の成長と吃音改善を目的としたグループカウンセリング。東京教室は1992年より開始、現在に至る。教室は2016年現在も函館・札幌・東京の３教室で実施中。東京教室は東京言友会(※８）のサークル活動でもある。

※10　吃音サイエンスカフェ

科学技術を市民の身近に届けようという試みのひとつ。一方的に話す講演会とは違い、参加者が質問や意見を述べる時間を多くとり、スピーカーと参加者との対話を重視するのが大きな特徴。現在、吃音についてわかっていること、当事者の体験談、企業や社会の皆さんにお願いしたいことなどを伝えたいと思っています。特に社会的支援について、重点をおき伝えていく方向です。

北海道言友会ホームページ　http://blog.goo.ne.jp/hokkaido-genyukai/

※11　NPO 法人吃音とともに就労を支援する会（どーもわーく）

NPO 法人設立の経緯：多くの吃音のある方は、就職活動や実際に就労しているとき、悩みが最も深刻になるようです。考えられる理由は、経済活動には様々な責任が付きまとい、言葉が流暢でないと物事がスムーズにいかないケースがあるからと思われます。

しかし、これまで吃音のある方が最も深く悩むと言われる「就労」をサポートする機関は少なく、多くは自身の努力に委ねられてまいりました。なかには、せっかく就いた職業を退職して自己嫌悪に陥るケースや、最初から自分には無理だろうと諦めて、話すことの少ない職業を選んで生きてきた吃音のある方は大変多いのです。そんなとき、第三者がサポートし、お互いを尊重しあえる環境作りができると良いのではないかと思い、当ＮＰＯ法人を設立するに至りました。私たちは、「吃音をお持ちの方が、日々の生活を明るく前向きに過ごしていけるように」を理念に掲げ、より多くの人々の支援ができるものと信じてこの NPO 法人を運営して参ります。

（設立代表者　竹内俊充）

ホームページ　http://www.domo-work.com/

※12　うぃーすたプロジェクト

吃音のある若者の集まりで、2017年５月現在、国内の7地域に拠点を置き、喫茶店や公民館などで活動をおこなっています。吃音という同じ境遇をもった方同士が「集まり、思いを語れる」空間を作ることを目標に、各人の価値観や個性を尊重し、親和性の良い雰囲気を大切にしています。吃音のある方の周囲（ことばの教室、学校、病院、臨床家、研究者、他の自助団体など）との連携も密におこない、吃音のある人の包括的な自助・支援をおこなっています。　（代表　飯村大智）

ホームページ　https://we-are-stutt.jimdo.com/

題にしていいものなのだろうか？　こんなこと感じていたかもしれません。ここでは、どもりについて一杯話してください。問題を解決する、まず最初の入口です。

③「もしどもりが治れば、私は○○をやろう。友達をたくさん作って、勉強もスポーツも頑張ろう……」というような考え方はやめよう。

その、もし……は、ひょっとしたら永遠にもし……かもしれない。仮定法の生き方では、何にも面白くないし、生きているという実感が得られない。人は仮定法の中で生きることはできない。今、ここで自分は何をしたいのか？　それはどもっていては本当にできないことなのか？　自ら問いかけてみることです。

吃音を治したい……と多くの方が思われることでしょう。私自身もそうでした。しかし、野球選手は皆、王貞治には成れない。おたまじゃくしは蛙の子、なまずの孫でもない。成れないものを目指すのは自己実現とは言いません。またそもそも、治したいという思いの下に、友達とつながっていたいという本当の欲求があります。どもっていて素敵につながること、本当にできないものでしょうか。

（代表　佐藤隆治）

ホームページ　http://tsudoi.irdr.biz/

※6　国立障害者リハビリテーションセンター病院

ホームページ　http://www.rehab.go.jp/hospital/japanese/

※7　NPO法人全国言友会連絡協議会（全言連）

吃音（どもること）がある人のセルフヘルプグループ「言友会」の中央連絡機関として、1968年に東京で設立されました。各地言友会はそれぞれ独立して運営されていますが、全言連は①言友会を代表し、官公庁やマスコミ、その他団体に対する窓口機能を果たしているほか、②全国、あるいは広域で取り組むべき事業の実施、③認知度向上や公的支援の獲得など吃音がある人のための社会的支援の推進、④言友会の新規設立など地域活動の推進などの役割を果たしています。　（理事長　南孝輔）

TEL　03-3942-9436　　FAX　03-3942-9438

ホームページ　http://zengenren.org/

※8　一般社団法人　東京言友会

吃音（どもり）克服をめざす成人（中高校生以上）のセルフ・ヘルプ（自助）グループ。吃音のために、自分の殻に閉じこもって一人で悩むのではなく、仲間と一緒に吃音問題に取り組もうとしている人々の集まり。また、吃音に関心のある人の参加も大歓迎。

ホームページ　https://tokyo-gennyukai.jimdo.com/

巻末資料 吃音相談先など一覧 （敬称略）

※1　日本吃音・流暢性障害学会

2013年９月に金沢大学で設立総会および第１回大会を開催。吃音及び流暢性障害（クラタリングなど）の研究の発展と、これらの障害の研究や医療・福祉・セルフグループ活動などに関わる者同士の相互交流を図ることを目的とした学会。

2018年７月13日～16日に広島国際会議場でおこなわれる第６回広島大会は、国際クラタリング学会（ICA）、国際流暢性学会（IFA）、国際吃音者連盟（ISA）、日本吃音・流暢性障害学会（JSSFD）、NPO 法人全国言友会連絡協議会の共催による、「吃音・クラタリング世界合同会議 in Japan 2018」になる予定。

ホームページ　http://www.jssfd.org/

※2　吃音ポータルサイト

金沢大学人間社会研究域学校教育系　小林宏明教授のホームページ
吃音（きつおん、ことばがどもること）に関する情報のページ。

ホームページ　http://www.kitsuon-portal.jp/

※3　吃音に向きあうためのドキュメンタリー映像集「ただ、そばにいる」DVD 全３巻

平成23年度　厚生労働省　社会保障審議会推薦児童文化財　（企画制作・北川敬一）

問い合わせ先　e-mail　sky-wind707@kvj.biglobe.ne.jp

※4　書籍「吃音のこと、わかってください」 北川敬一著

岩崎書店ホームページ　http://www.iwasakishoten.co.jp/

※5　小中高校生の吃音のつどい（つどい）

NPO 法人・全国言友会連絡協議会（※７）に属する「小中高校生の吃音のつどい実行委員会」が運営。

吃音を持つ小学生、中学生、高校生とそのご家族が、吃音について話し合える・相談できるワークショップ。年４回東京及びその近郊で開催。2017年のサマーキャンプで、第76回目を数える。

「つどい」のあいさつで、参加者に話す３つのことを紹介します。

① 「このつどいの間、みんなの中で、堂々とどもってしゃべってほしい」
「できるだけどもらないで話そう」「どもってはいけない、どもったらどうしよう」と、普段は、知らず知らずのうちに体がそうなっていたかもしれません。しかしこの場では、どもりながら、言いたいことを言ってほしい。言ってください。

② 「どもりの話を一杯してください」
学校で、自宅でどもりについてこんなふうに悩んでいると、先生、友達、両親に話したいのだけど、話していいものなのだろうか？　どもりについてなんか、話

●協　力（順不同・敬称略）

小中高校生の吃音のつどい
NPO 法人全国言友会連絡協議会
うぃーすたプロジェクト
日本吃音・流暢性障害学会
相模の国　高森神社　　http://takamori.php.xdomain.jp/
日本工学院専門学校　　　　放送芸術科
日本工学院八王子専門学校　　放送芸術科
佐藤隆治
小林宏明
長澤泰子

● DVD 映像データ

2016年／60分
［協力］小中高校生の吃音のつどい
［撮影・編集］篠原隼士
［企画・監督］北川敬一
［製作］学苑社（杉本哲也）

※DVD に収録されている映像および音声を、製作著作者の許可なく複製することは、法律により固く禁止されています。
※DVD を使用して、発生した機器の損害について、程度にかかわらず著者および学苑社は一切の責任を負いません。あらかじめご了承ください。

著者紹介

北川敬一（きたがわ　けいいち）

京都市出身。早稲田大学第一文学部人文学科、多摩芸術学園映画学科を経て、現在、映像全般の企画・制作・監督として活動。自身も吃音者。日本工学院放送芸術科非常勤講師。主な作品に映画「鶯宮物語」、ドラマ「野ブタをプロデュース」「愛犬ロシナンテの災難」「ろくでなしブルース」、ドキュメンタリー「ただ、そばにいる」（第32回厚生労働省社会保障審議会推薦児童福祉文化財）「GOOD-BY」「空気」（神奈川映像コンクール優秀賞）、書籍「吃音のこと、わかってください」（岩崎書店）など。

メールアドレス　sky-wind707@kvj.biglobe.ne.jp

装丁　有泉武己

成人吃音とともに
――文章と写真と映像で、吃音を考える

2017年11月15日　初版第１刷発行

著　者　北川敬一
発行者　杉本哲也
発行所　株式会社　学　苑　社
東京都千代田区富士見２-10-２
電話(代)　03（3263）3817
fax.　03（3263）2410
振替　00100-７-177379
印刷　藤原印刷株式会社
製本　株式会社難波製本

検印省略

乱丁落丁はお取り替えいたします。
定価はカバーに表示してあります。

ISBN978-4-7614-0795-7　C0036